August Wilhelm Iffland

Friedrich von Oesterreich

Ein Schauspiel aus der vaterländischen Geschichte in fünf Aufzügen

August Wilhelm Iffland

Friedrich von Oesterreich
Ein Schauspiel aus der vaterländischen Geschichte in fünf Aufzügen

ISBN/EAN: 9783743483804

Hergestellt in Europa, USA, Kanada, Australien, Japan

Cover: Foto ©ninafisch / pixelio.de

Manufactured and distributed by brebook publishing software
(www.brebook.com)

August Wilhelm Iffland

Friedrich von Oesterreich

Friedrich

von

Oesterreich.

Ein

Schauspiel,

aus der

vaterländischen Geschichte

in

fünf Aufzügen.

Von

August Wilhelm Iffland,

1791.

Personen.

Friedrich der Vierte, Erzherzog von Oesterreich.

Eleonore von Portugall, seine Gemahlin.

Sigismund von Oesterreich, sein Neffe und Mündel.

Arneas Sylvius Piccolomini, Geheimschreiber.

Kasper Schlick, Kanzler.

Andreas Baumkircher, Hauptmann. } des Erzherzogs.

Von Potendorf.
Von Tachensteiner. } Hofleute.

Dorothea von Neideck.
Margaretha von Sinzendorf. } Edelfrauen der Erzherzoginn.

Elisabeth, verwittwete Kaiserinn, und Königinn von Ungarn und Böhmen.

Ladislaus Posthumus, ihr unmündiger Sohn.

Edelfrauen, der Elisabeth.
Ladoni.
Thomas von Zech.
Nikolaus von Villacky.
Johann Hunniades. } ungarische Große.

Prokopius von Rabenstein.
Heinrich Ptarsco.
Von Sternberg. } böhmische Große.

Emich, Graf zu Leiningen.

Reinhard, Graf zu Hanau.

Stände.

Volk.

Er=

Erster Aufzug.

(Auf dem Schloß Michall in Ungarn. Göthischer Säulengang oder Vorgemach einer alten Burg. Ein Reisiger bewahrt den Eingang zu dem Gemach der Königinn. Er lehnt sich auf seine Hellebarde. Es ist 2 Uhr Morgens — dunkle Nacht. Nach einiger Zeit kommen zwei Gewaffnete und Zech.)

Erster Auftritt.

Zwei Gewaffnete. Zech. Reisiger, der schon da ist.

Reisiger (stellt sich)

Wer geht dort?

Zech Freunde!

Reisiger. (hält die Hellebarde voraus) Steht! (die Gewaffneten stehen ruhig) Habt ihr das Wort?

Zech. Ja.

Rei=

Reisiger. Gebt es! (setzt ihm die Hellebarde auf die Brust)

Zech. Oesterreich.

Reisiger. (richtet die Hellebarde auf) In Got=
tesnamen.

Zech. (geht vor) Haft du fleißig hinausge=
schaut auf die Landstrasse, die von Oesterreich
herzieht?

Reisiger. Fleißig.

Zech. Und nichts kommen hören?

Reisiger. Nichts.

Zech. (steht aus dem Fenster) Eine grauenvolle
Nacht! (zu einen Gewaffneten) Geh — der Schloß=
vogt soll Licht geben. (einer der Gewaffneten geht.)

Reisiger. Da ich aufmachte vorhin — schlug
der Wind das Fenster mir entgegen, daß es am
Harnisch zerschnellte — und das Licht gieng aus.

Zech. Erhalte es brennend, daß unsre Ret=
ter schon in der Ferne das Flämmchen sehen.
(mit den Andern in der Mitte ab. Reisiger geht wie=
der an des Zimmers Eingang)

Zweyter Auftritt.

Reisiger. Ladoni und der **Schloßvogt.**

(Schloßvogt hat einen brennenden Spahn, läßt eine
Leuchte herab, steckt sie an, zieht sie hinauf, schaut
nach der Königinn Gemach und seufzt)

Reisiger (zu ihm) Bist du fertig, so geh
von hier weg.

Las=

Ladoni. So soll dieß die letzte Nacht seyn, die unsre gute Königinn und ihr Söhnlein, in Ungarn zubringt!

Reisiger. (zum Schloßfogt) Geh deines Weges, Freund!

Ladoni. Heiß ihn bleiben — er ist ein treuer Ungar.

Reisiger. Das Geräusch könnte die Königinn erwecken —

Ladoni Glaubst du sie schliefe?

Reisiger. Wir hoffen es.

Ladoni. Eine Mutter, der man ihr Junges rauben will, schläft nicht.

Reisiger. (einen Schritt näher) Einigemale habe ich die Frauen der Königinn ächzen hören; auf den Zinnen der Burg drehten sich die Fähnlein um die verrosteten Spieße; die Eulen flohen an die Fenster — dieß alles gab einen überaus wehmüthigen Laut in die finstre Nacht!

Ladoni. (setzt sich) Muß ich daß erleben! Die Wittwe Kaiser Albrechts — die Königinn von Ungarn und Böhmen, die Tochter Kaiser Sigismunds, soll in der Fremde Sicherheit suchen.

Reisiger. Mögte sie nur Sicherheit finden!

Ladoni. Sie will ihrem Prinzen keinem fremden Vater geben — den Ungarn will sie ihren gebohrnen Erbkönig erhalten — sie will diesen polnischen Uladislaus, den einige Treulose zum König gemacht haben, nicht heurathen, darum muß sie fliehen.

Reiſige. Es iſt leider ſo!

Ladoni. Ihr Kind, Ladislaus, das könig=
liche Blut, unſer angebornes junges Herrlein —
ſoll in fremde Hände gegeben werden!

Reiſiger. Still — ſeid ſtill! auch mir
macht das warm unter dem Küraß. Ich zog mit
ſeinem Vater, Kaiſer Albrecht, gegen den türkiſchen
Amurath. Noch ſehe ich ihn, bei Syndrovia in
die Türken hineinſprengen. Dieſer Krieg — der
zum Heil des Ungarlandes geſchah, machte den
Kaiſer ſiech, koſtete ihm ſein Leben — o — er
hat es uns willig geopfert, wie ein guter Landes=
vater.

Ladoni. So mancher brave Ungar war mit
ihm dort, ſah wie er ſich nicht achtete, und dieß
arme Kind, das nach ſeines Vaters Tode geboren
ward, dem jeder Ungar der Vormund und Wache
ſeyn ſollte, ſo lange er nur denn Säbel ſchwingen
kann, muß doch fliehen.

Reiſiger. Uladislaus von Polen —

Ladoni. Will unſer König ſeyn und hier lebt
Albrechts Blut in Ladislaus? dieß Kind ringt
ſeine unſchuldigen Hände gegen den Kronnenräuber,
über Ungarn. Ach Eliſabeth — ach unſre Kö=
niginn! du mußt deine Unterthanen fliehen! der
Nordwind ſtreift die Thränu von deinen Wangen,
und ſie werden den Fluch des ungariſchen Bodens!
Weh — weh dem Lande, deſſen Herr über ſein
Volk weinen muß.

Drit=

Dritter Auftritt.

Villacky. Vorige.

Villacky. Wer ist hier so laut?

Reisiger. Sagte ich euch nicht —

Ladoni. Leute, welche die Klagen der Königinn mitjammern.

Villacky. Ach, seyd ihrs Ladoni? (geht ans Fenster) Man hört noch nichts kommen. (sieht hinaus)

Reisiger. Der Wind heult laut um die Schloßthürme —

Villacky. (zu Ladoni) Laßt alles in Bereitschaft seyn; denn wie es komme: so gehen wir mit Tagesanbruch von hier weg.

Ladoni. Es ist alles bereitet.

Villacky. (sieht hinaus) Dort am Fuß des Gebürges ist ein Schein — der schnell weiter rückt — es kann ein Irrwisch seyn — habe aber doch Acht, Reisiger. Wenn du etwas siehst, melde es! (geht zurück)

Ladoni. (nimmt seine Hand) Ich hoffe, ihr habt Vaterherz für unsern jungen König Ladislaus!

Villacky. Zweifelt ihr —

Ladoni. Nein! Denn es könnte euch nimmer gut gehen. Gott schenkt allmächtige Kraft in diesen Arm, wenn er den Säbel führt für ihn und Elisabeth, unsre herzgeliebte Frau Königinn! —

Vil-

Villacky Fürwahr, ihr seyd —

Ladoni. Ein Mann — der unter Kaiser Si= gismund gedient, — Kaiser Albrecht gesehen, und dem —

Villacky. Kommt mit zur Königinn! Starr steht sie auf einen Fleck, ihre Augen sind weit offen, fest geschlossen ihr Mund. Wenn der Wind gegen diese Mauern tobt, als wollte er ihre Grundvesten erschüttern — lächelt sie uns an. Wir trösten sie — sie hört es nicht. Kommt, redet von ihrem Vater zu ihr — von Kaiser Al= brecht. Dann werden ihre Gedanken zurückkeh= ren in die schöne Vergangenheit, und Thränen wer= den ihrem gepreßten Herzen Luft machen. Zu dem — ihr habt gewiß auch manchen Sturm über= standen —

Ladoni. Hm! (mit wehmüthigem Lächeln) All meine Söhne sind gegen die Türken geblieben!

Villacky. (faßt seine Schulter) Und doch grei= fen deine Wurzeln noch so fest in den Boden?

Ladoni. (stolz) Für den Kaiser Albrecht sind sie geblieben!

Villacky. Dein Blick — das Herz in deinem Worte — giebt Muth im Sturme — komm! (gehen in der Königinn Gemach ab)

Vier=

Vierter Auftritt.

Zech, Reisiger, Schloßvogt.

Zech. Ist die Königinn wach?
Reisiger. Ja. Graf Villacky war eben hier.
Zech. So will ich ihm die Zeitung bringen!
(Ab.)
Reisiger. (zum Vogt) Geht — guter Mann! ich weiß, ihr mögtet gern klagen, und sucht Jemand, der um eure Königinn weine mit euch; aber es mag jetzt nicht seyn. (Vogt trocknet die Augen und geht ab)

Fünfter Auftritt.

Villacky, Zech, Vorige.

Villacky. Sie sind am Thore, sagt ihr?
Zech. Begehren eilig eingelassen zu werden.
Villacky. (geht ans Fenster) Ich höre sie reden — es sind ihrer wenige — laßt sie ein — seid vorsichtig! (Reisiger ab)
Zech. So lange noch ein Nerv in mir sich streckt, soll Ungarn, mein Vaterland, diesen polnischen König nicht seinen Herrn nennen.
Villacky. Gefährlich stehen unsre Sachen — Uladislaus ist ein tapfrer, weiser Fürst, seine Freigebigkeit und Beredsamkeit hat viel gewirkt, unsre Anhänger sind gering —
Zech. Aber unsre Sache ist groß!

Vil-

Villacky. Mit Seele und Arm widme ich mich dem Vaterlande!

Zech. Diesem Kinde und meiner Königinn!

Villacky. Was haltet ihr von dem österreichi= schen Schutze, den wir suchen?

Zech. Es mögte uns jezt schon heilsam seyn!

Villacky. Wird Friedrich diesen Schutz so rein und lauter geben?

Zech. Die Königinn besteht darauf!

Villacky. Eine hülflose Wittwe — zu uns re= den die Thränen dieses königlichen Kindes mäch= tig — aber auch in die Ferne — auch zu Fried= richs Räthen — deren weise Politik, Verlust und Gewinn abwägen wird? Aeneas Sylvius, des Erzherzogs vertrautester Rath, und sein Kanzler Kaspar Schlick, werden die —

Zech. Es sind Biedermänner —

Villacky. Sollten die ihrem Fürsten zu einem weitaussehenden Handel rathen?

Zech. Dieser Ladislaus ist österreichisches Blut, wenn das zu Friedrichs Herzen spricht — so kommt alles darauf an, ob er seine Räthe dann noch fra= gen wird, ob sein Blut auch hätte sprechen sol= len?

Villacky. Hat er aber nicht bereits die Sorge für seinen Vetter Sigismund von Oesterreich, des= sen Vormund er ist, und wenn alles das nicht wä= re — er heißt Friedrich der Friedfertige, und uns — folgt Unruhe und Krieg wohin wir kommen.

Sech=

Sechster Auftritt.

Reisiger. Vorige.

Reisiger. Eine Gesandschaft aus Böhmen, die der Kaiserlich Königlichen Wittwe von Preßburg hieher folgt. Sie begehren der Königinn selbst ihr Fürbringen zu thun.

Villacky. Zu einer ungewöhnlichen Stunde! — Ha — auch eine ungewöhnliche Zeit, darinnen wir leben. Zudem muß man stündlich der Antwort des Erzherzogs, und dann unserer Abreise, oder anderer bedenklicher Dinge gewärtig seyn — ich will bey der königlichen Majestät Anfrage thun. (Ab)

Siebenter Auftritt.

Zech. Reisiger.

Reisiger. Sagt mir, wer hat Kaiser Albrechts Regierung mehr beunruhigt, der Türke Amurath, oder Ptarsko in Böhmen, und Graf Villacky hier in Ungarn?

Zech. Ich verstehe dich.

Reisiger. Es ist fürwahr ein tapfrer Mann dieser Villacky — aber ihr sollt sehen, er bleibt nicht mit uns.

Zech. Nicht doch!

Reisiger. Gedenkt meiner.

Zech.

Zech. Dann wäre die Königinn in üblen Händen —

Reisiger. Ich fürchte es.

Zech. Desto mehr kommt darauf an, was der Erzherzog von Oesterreich für sie thut. Was er aber auch thue — auf treue Diener kommt viel an! Dazu gelobe dich.

Reisiger. Treu und Heldensinn für Elisabeth und Ladislaus von Ungarn und Böhmen!

Zech. (schlägt auf seine Schulter) Bis in die Todesstunde!

Achter Auftritt.

Vorige. Villacky.

Villacky. Die Königinn will die Gesandschaft alsobald vernehmen. (zum Reisigen) Du magst nun wieder auf das innerste Gemach treten. (Reisiger ab.) Kennt ihr jemand von den böhmischen Herren? (zu Zech)

Zech. Ich hörte einen — „von Rabenstein" nennen.

Villacky. Prokopius von Rabenstein? Ein gelehrter, redlicher Mann. Kaiser Albrecht war ihm treflich gewogen. Geht mit mir, wir wollen sie indeß willkommen heissen, bis die Königliche Majestät uns Befehl sendet, sie hereinzuführen.

(gehen ab)

Neun=

Neunter Auftritt.

Vorgemach der Königinn. Auf einer Säule ein Wand-leuchter mit brennenden Kerzen.

Zwey Edelfrauen.

Erste. Sie hat wieder nicht geruht?

Zweyte. Sie hat sich nicht auskleiden lassen,

Erste. O sie ist sehr krank.

Zweyte. Sie wird nicht lange mehr leben.

Erste. Wie ist ihre Schönheit entstellt! Ich kenne sie nicht mehr.

Zehnter Auftritt.

Vorige. Zech.

Zech. Will die Königinn die böhmischen Ge-sandten jetzt hören?

Erste. Geduldet euch ein wenig. (zur Königinn ab.)

Zech. Ist der guten Königinn wieder so schlimm als gestern?

Zweyte. Schlimmer! Entweder sieht sie mit starren Augen vor sich hin, oder sie schmückt die Kleider des Prinzen Ladislaus. Eben, da er aus seinem Lager zu ihr lächelte, und die Arme nach ihr reichte — raffte sie ihn auf, drückte ihn fest an sich — floh vor uns durch zwey Zimmer,

und

und rief laut, der König von Ungarn und Böhmen ist gerettet!

Zech. Das geht mir sehr zu Herzen.

Zweyte. Graf Villacky hat ihr den Besitzer dieser Burg gebracht, unsern guten Wirth. Der hat ihren Vater, Kaiser Sigismund gekannt — dem hörte sie lange und gern zu, wollte uns aber doch den Prinzen nicht abgeben. Nun fieng er von ihrem Gemahl, Kaiser Albrecht an — da flossen ihre Thränen mildiglich, sie duldete, daß ich den Prinzen von ihr nahm, riß das Fenster auf, und weinte laut in die Nacht hinaus.

Zech. Hört auf, ich bitte euch!

Zweyte. Immerfort sprach der alte Mann — von der Treue der Ungarn, daß er Kinder verlohren habe — aber doch noch leben möchte, für sie und ihren Prinz, in Gottesnamen drein zu sprengen, wo die Pfeile am dichtesten fielen! Sie sah ihn an, ward still, gieng mit wahrhaft Königlicher Gebärde zu der Wiege, schaute das Kind ernstlich an, und sprach — nur Nachts laß mich weinen um deinen Vater, lieber Ladislaus! nur Nachts! Am Tage will ich dann strenglich die Königinn von Ungarn und Böhmen seyn, damit ich dein Erbe dir erhalte.

Eilfter Auftritt.

Vorige. Erste Edelfrau.

Erste. Die Königinn will hieher zu den Gesandten kommen!

Zech. Leidet mit ihr, gute Seelen: so wird es euch nimmer an Freuden fehlen! (geht)

Zwölfter Auftritt.

Beyde Edelfrauen.

Erste. Eben hat mir die Königinn gestanden, daß sie wieder gestern und heute an den schmerzlichsten Krämpfen gelitten hat.

Zweyte. Ich vermuthete es gleich — sie achtet es aber nicht.

Erste. Jetzt ist sie frey von Schmerz, laß uns zu ihr gehen. (gehen ab)

Dreizehnter Auftritt.

Zech. Diesem folgt Villacky und Rabenstein. Diesem zwey Räthe und Ladoni.

Rabenstein. Wie ruft mir alles dieses das Gedächtniß unsers Königs, Kaiser Albrechts, zurück.

B   Vil.

Villacky. Ihr mögt hier noch verziehen.
(mit Laboni und Zech zur Königinn ab.)

Vierzehnter Auftritt.

Rabenstein. Die zwey böhmischen Räthe.

Rabenstein. Wie wird euch, ihr Herren, da wir unsrer Königlichen Wittwe also nahe sind? Ihr seht vor euch nieder — ihr schweigt? — Es mag bey mir nicht so abgehen. Kaiser Albrecht war mein Wohlthäter — er war der Wohlthäter des ganzen Böhmerlandes! meiner insbesondre! das spricht so laut zu meinem Herzen, daß ich meinen Thränen freien Lauf lassen muß. Es ist fast wenig, was wir von der böhmischen Nation Tröstliches ihr zu hinterbringen haben. Ich sorge, meine Herren zu Prag werden ihrem Gewissen und dieser guten Königinn zu nahe treten! das dürfte schwere Verhängnisse über ganz Böhmerland bringen:

Fünf-

Fünfzehnter Auftritt.

Zech. Villacky. Elisabeth in tiefer Trauer.
Ihre Edelfrauen. Ladoni. (Ladoni und
Zech bleiben im Hintergrund. Villlacky zur
Linken, die Edelfrauen zur Rechten der Könis
ginn. Rabenstein und die zwey Räs
the lassen sich ehrfurchtsvoll auf ein
Knie nieder.)

Elisabeth. (einen Schritt vor) Als wir uns
das leztemal sahen, lebte Kaiser Albrecht noch!
(Pause. Rabenstein läßt sein Haupt auf die Brust sins
ken. Die Räthe trocknen ihre Augen.) Ich danke
Euch! Eure Herzen halten sein Leichenbegängniß
und eure Augen senden kostbare Tropfen, treue
Freunde, an seine Gruft ihm nach — ich dans
ke euch und Gott lohne euch! (zu Rabenstein)
Steht auf! (Rabenstein steht auf) Steht auf, gute
Männer! (zu den Räthen, welche auch aufstehen)
Weil ihr den allerbesten König und allermildesten
Vater verlohren habt, so ist euer Licht verloschen
und ihr seid in die Finsterniß gerathen. Nun
kommt ihr zu mir, eures Königs Wittwe, und
richtet eure Augen gegen mich, ob euch da einis
ges Licht von mir scheinen und entspringen mag?
Liebe Herren, gute Böhmen; ich bin eure Kö
niginn, durch Gott und mein Recht! demunge
achtet will mir fast bange werden, daß ich über
meines Alters und Geschlechts Kraft, solche Reis
che regieren soll. Ich verhoffe aber, ihr werdet

B 2   mir

mit Rath und Kraft, wie es euch gebühren soll,
mir zur Seite seyn, daß Gottes Ehre und mei=
ner Unterthanen Wohl durch mich beschirmt werde.
(weint und bedekt das Gesicht. Die Frauen bringen
ihr einen Sessel. Sie sezt sich. Villacky naht sich und
redet leise mit ihr. Die zwey Räthe treten zurück)

Villacky. (nachdem er geredet, tritt wieder an
seine Stelle) Es ist Ihro Majestät gnädiger Wille
daß ihr euren Antrag thun möget. (Die Frauen
treten wieder zurück. Elisabeth bleibt sitzen.)

Rabenstein. (tritt vor) Allergnädigste Kö=
niginn! Die Stände des Königreichs Böhmen
haben einen Tag nach Prag ausgeschrieben.
Sie sagen, daß, wenn Ihro Königliche Würde
vermeinen, Prinz Ladislaus habe ein Recht zur
böhmischen Krone, so möge sie auf den bestimm=
ten Tag einen Gesandten mit genugsamer Voll=
macht versehen, dahin senden!

Elisabeth. Wann ist dieser Tag?

Rabenstein. (mit gesenktem Haupt) In fünf=
zehn Tagen.

Elisabeth, (Villacky ansehend) Das ist kurz!

Zech. Und zu was einen Tag ansetzen? Hier
ist euer König! Warum auswärts einen König
suchen, da ihr ihn bey euch zu Hause gebohren
habt? Er hat euren Eid, ehe er das Licht der
Welt erblickte! Ihr habt diesem Knabe die Treue
guter Unterthanen bey dem Heiligthum der Kir=
che zugesagt!

Villacky. Ihr geht zu weit in eurem Eifer
— ihr solltet daran gedenken, daß doch —

Eli=

Elisabeth. Wollt ihr länger warten, so will ich dennoch meine Abgeordneten auf diesen Tag nach Prag senden! Dann (steht auf) liebste Väter (Bewegung des ehrfurchtsvollen Zurückweichens unter allen) und Freunde! will ich euch um Gottes- auch der Kaiser Sigismund und Albrechts willen gebeten und vermahnt haben, daß ihr meine und meines Kindes erbliche Gerechtigkeit nicht wollt verdrängen, und den Enkel und Sohn eurer beiden guten Könige Sigismund und Albrecht, seines Ahnherrn- und väterlichen Erbtheils verlustig werden lassen. Ihr wollt doch meines Vaters Gutthaten in Ewigkeit eingedenk seyn, und mit aller Treue vergelten, damit ihr euch gegen sie nicht undankbar erzeigt!

Rabenstein. (mit Wärme) Allergnädigste Königin, ich betheure —

Elisabeth. Schwört nicht! — Albrecht hat euch lieb gehabt, ihr seid gut und gerecht. Ihr werdet es thun. Kommt — daß ich euch meinen Sohn, euren angebohrnen Herrn, zeige. — Er weiß nicht, daß er in diesem Augenblick zwey Kronen verlieren kann! — Freundlich wird er aus seiner Wiege euch anlächeln — gute Männer — laßt es für eine Rede vom Throne gelten! reicht ihm eure Hand, er wird sie hastig an sein Herz ziehen! — O er wird eine sehr mächtige Beredsamkeit haben. Wer von euch Vater ist, muß sie verstehen. Kommt. (mit Rabenstein ab. Diesem folgen die zwey Räthe. Dann die Frauen. Dann Villach, Zech und Ladont)

B 3   Sechs

Sechszehnter Auftritt.

(Eben da Ladoni gehen will, hört man im Schloß den Thürmer ruffen. Zech und Ladoni bleiben. Ein Reisiger. Dann Villacky.)

Zech. Hört ihr den Thürmer?

Ladoni. Allerdings! Es ist das Zeichen, daß jemand im Anzuge ist!

Zech. Bothschaft von Oesterreich — oder die Polen! (geht) Gerechter Gott!

Reisiger. (kommt) Die Thurmwache ruft herab — es reitet herzu!

Ladoni. Wer?

Reisiger. Bey Fackelschein hat man die Farbe von Oesterreich gesehen!

Ladoni. Ich muß hinauf! laßt uns der Königinn keine vergebliche Freude machen — (geht.)

Zech. O sie sinds — sie sinds gewiß!

Villacky. (kommend) Hat nicht der Thürmer geruffen?

Reisiger. Allerdings!

Villacky. Wenn es Bothschaft vom Erzherzog ist: so laß spannen und vorführen — daß alles bereit ist, wenn die Königinn befiehlt —

Reisiger. Sogleich. (ab)

Sie

Siebenzehnter Auftritt.

Ladoni. Vorige.

Ladoni. Er ruft noch einmal herab — er hat ihr Feldzeichen erkannt —— sie sinds!

Villacky. Oesterreicher?

Ladoni. Ja! im hellen Trabe rennen sie daher — sie müssen gleich hier seyn. (man hört eine Trompete) Da sind sie!

Villacky. Ich will es der Königinn melden.

Achtzehnter Auftritt.

[Vorige. Eine Edelfrau.]

Edelfrau. (eilig) Die Königinn läßt fragen —

Ladoni. Villacky. Die Oesterreicher! (das Zimmer wird von auffen flammenhell.)

Neunzehnter Auftritt.

Elisabeth. Ihre Frauen: Rabenstein. Die zwey Räthe.

Elisabeth. Sind es die Oesterreicher?

Villacky. Sie sinds! (zu Ladoni und Zech) Empfangt sie! (Diese ab)

Elisabeth. Führt sie hieher. Nun entscheidet sich Tod oder Leben!

Ra=

Rabenstein. Niemals werde ich den Anblick dieses Kindes vergessen!

Die Räthe. Niemals, gnädigste Königinn!

Elisabeth. Erfüllt euch das Heiligthum des
Majestätsrechts mit Ehrfurcht? O so handelt für
diesen Knaben, er hat es noch nicht entweihen
können, laßt die Tugend ein Bündniß schließen,
für die gute Sache!

Zwanzigster Auftritt.

Vorige. Ein Bothe bringt Villacky einen Brief
(Villacky öffnet — ließt — erblaßt.)

Elisabeth. Woher?

Villacky. Von Ofen.

Elisabeth. Ihr erblaßt? Uladislaus —

Villacky Ist dahin gekommen. Viele erklären sich für ihn. Er ist dort gekrönt.

Elisabeth. Die Krone der Könige von Ungarn ist mit mir, denn der König von Ungarn
ist mit mir.

Villacky. Man schreibt — Ladislaus Gara
hat dem neuen König gehuldigt.

Elisabeth. Das wird er nie, mein Sohn
hat seinen Eid.

Villacky. Der Bischof von Gran hat den
König von Polen zum ungarischen Könige gekrönt.

Elisabeth. Das wird er nie, denn er hat
meinen Sohn gekrönt! Straft den Mann, der
diese Edlen verläumdet, der meine besten Freunde,

de, euch als Meineidige und Gottesläſterer an-
geben will! — Nein dieſe Treuloſigkeit würde
ich nicht überleben!

Villacky. Das Heer des Uladislaus nähert
ſich uns —

Eliſabeth. So gebe Gott, daß Oeſterreich
die Bitten der verjagten Wittwe nicht abweiſet,
ſonſt iſt alles verloren.

Einundzwanzigſter Auftritt.

Ladoni. Tachenſteiner, in Silberrüſtung,
er geht auf Eliſabeth zu, und kniet vor ihr.
Mehrere Ritter folgen. Zech ſchließt.

Tachenſteiner. Friedrich der Vierte, Erzherzog von Oeſterreich, mein gnädigſter Herr,
ſendet mich und dieſe Ritter, mit ſeiner Botſchaft an die königliche Majeſtät von Ungarn und
Böhmen. (überreicht ein Schreiben)

Eliſabeth. (nimmt es) Seid mir zur guten
Stunde gekommen! — Meine Hände zittern.
(erbricht es) Werde ich leſen können? Meine Augen ſchwimmen in Thränen der Angſt und Freude! (lieſt ſtill, für ſich. Pauſe. Alles iſt zurück ge-
treten, und Jederman, auſſer den öſterreichiſchen Rittern, ſteht mit groſſer Erwartung auf Eliſabeth. Vila-
cky ruhig und ſtolz auf die Fremden. Eliſabeth faltet
die Hände und blickt gen Himmel) Er nimmt mich auf!

Alle: (mit lauter Stimme) Es lebe Friedrich
von Oeſterreich!

B 5   **Eli-**

Elisabeth. Er nimmt mich auf! Mein Kind und seine Krone — er bietet mir sein Land, seine Schlösser, seine Macht an! Er sorgt für meinen Sohn, seine Hoffnungen, seine Ansprüche. Er schützt Wittwen und Waisen, trocknet meine Thränen — Friedrich von Oesterreich! Dafür werde dir und deinem Stammen Segen und Heil bis an das Ende der Tage!

Elisabeth. Villacky, können wir bald aus diesen öden Mauern, zu dem freundschaftlichen Fürsten ziehen?

Villacky. Alles ist geordnet.

Elisabeth. Prokopius von Rabenstein! euch empfehle ich Böhmen! Villacky, ihr bleibt in Ungarn zurück, mit dem Grafen Tili, dem ungerechten Fortgang des Uladislaus von Polen Einhalt zu thun. Ich setze volles Vertrauen in euch; ladet keinen Fluch der Ungarn über mich und euch. Die Hoffnung dieser Länder, geht mit mir zu meinem Vetter nach Oesterreich! Laßt uns gleich gehen. Es ist wohl noch sehr Nacht — hat ja doch Friedrich mir eine Bahn in der Nacht des Schicksals licht gemacht, wie könnte ich dieser Finsterniß achten!

Tachensteiner. Eure Majestät wollen unser Geleit annehmen?

Elisabeth. Mit Freuden!

Tachensteiner. (zu einem Ritter) Laßt aufsitzen! (ein Ritter geht)

Villacky. (zu Ladoni) Die Pferde. (Ladoni geht. Elisabeth mit ihren Frauen auch zu Tachensteiner)

Sagt

Sagt eurem hohen Fürsten, daß Villacky seinen Werth fühle, und diese That!

Tachensteiner. Wenn ihr es eine That nennt — so vergönnt mir zu sagen, sie kostete dem Erzherzoge weder Ulberlegung noch Entschluß, Er handelt wie er fühlt!

Villacky. (rasch) Wohl ihm!

Zech. (mit Wärme) Dann wird auch sein Haus nie an Freuden darben.

Zweiundzwanzigster Auftritt.

Elisabeth, den Prinzen in weißen Damast gekleidet, auf ihrem Arme. Er schläft. Ihre
Frauen. Vorige.

Erste. Verstatten Eure Majestät, daß ich —

Zweite. Gnädigste Frau, ich bitte —

Elisabeth. Laßt mich! Sanfter ruht er nir-
gend, als an meinem Herzen.

Zweite. Theuerste Königinn —

Elisabeth. Laßt mich doch fühlen, daß ich Mutter bin! Diese Krone kann Uladislaus mir doch nicht rauben!

Dreiundzwanzigster Auftritt.

Vorige. Ladoni.

Ladoni. (weinend) So ist dann alles bereit zur Abreise!

Elis

Elisabeth. (alle im Zirkel anschauend) Lebt wohl!

Ladoni. (zu ihren Füßen) Gott sei mit meinem König Ladislaus! Er führe ihn königlich und gut hieher zurück, daß seine Regierung der Segen von Ungarland sei, wenn schon lange der Abendwind über mein bemoostes Grab gefahren ist! (die Trompete ruft)

Alle. Es lebe König Ladislaus. (der Prinz erwacht)

Elisabeth. Mein Kind! — Mögen oft die Segenswünsche deines Volkes dich aufrufen. Lebt wohl, Graf! — Herr von Rabenstein — ihr gute böhmische Männer — Alter — o ihr lieben Ungarn — möge meine Reise euch heilsam seyn — euch Frieden bringen! Frieden! Möge das Gedächtniß an Elisabeth bei euch in Segen bleiben! (erhebt das Kind) Mögest du Unterthanen haben, wie ich sie verlasse, und sie nie verlassen müssen! Freunde finden, wie sie mir jetzt werden — kommt nach Oesterreich! (Willach und Ladoni gehen voraus. Elisabeth und Tachensteiner folgen. Die Frauen, Rabenstein, die zwei Räthe, Zech und die österreichischen Ritter schließen. Man hört die Trompete bis der Vorhang fällt.)

Ende des ersten Aufzugs.

Zwei

Zweiter Aufzug.

Erster Auftritt.

Vorgemach im herzoglichen Schloß zu Neustadt. Potendorf ist schon da. Baumkircher kommt.

Baumkircher.

Man hat mich hieher gewiesen, um den Kanzler zu sprechen. Wird das seyn können?

Potendorf. Ja. Ist etwas von Belang vorgefallen? Etwas, das ——

Baumkircher. Vermuthlich.

Potendorf. Irgend einen Mord, oder so —

Baumkircher, Dann würde auch der Kanzler den Todten nicht erwecken.

Potendorf. Wohl; aber den Thäter auffinden lassen, oder —

Baumkircher. Da laßt die Gesetze walten. Der Erzherzog ist ein weiser Fürst. Bei ihm braucht man weder die Strenge der Gesetze mit Künsten inne zu halten, noch die Gesetze an jemand

man

mand zu hetzen. Er richtet Handlungen, nicht Menschen.

Potendorf. Wohl wahr. Allerdings wahr! — Aber — müßt ihr nicht gestehen, wackerer Kriegsmann —

Baumkircher. Was? wackerer Hofmann?

Potendorf. Daß eine Zeit her der Händel gar zu wenige sind.

Baumkircher. Wenig Händel — guter Handel!

Potendorf. Wiederum sehr wahr! Nur dünkt mich, wäre es gut, wenn nun einmal ein Krieg —

Baumkircher. Ihr meint, ich wüßte etwas von einem Kriege, und wäre deshalb hier? ihr irrt.

Potendorf. Nicht doch! (listig) Denn warum ihr hier seyd —

Baumkircher. Weiß etwa jedes Kind in der Stadt, nur die Höflinge ergründen es nicht!

Potendorf. Und warum nicht? warum nur diese nicht?

Baumkircher. Weil eines Dinges natürliche Folge, Ihnen zu einfach dünkt — ängsten sie sich um erkünstelte, und verlieren dadurch immer die rechte Straße.

Potendorf. Hier kommt der Kanzler —

Zwei-

Zweiter Auftritt.

Vorige. Kaspar Schlick. Kanzler.

Baumkircher. Hier ist mein Mann; nun gehabt euch wohl, Herr von Potendorf.

Potendorf. Das heißt — ihr wollt allein seyn?

Baumkircher. Dießmal habt ihr die rechte Straße.

Potendorf. Kein Wunder. Ihr seyd durchaus so unkünstlich, daß man mit euch des Nachsinnens nicht bedarf.

(geht)

Dritter Auftritt.

Vorige, ohne Potendorf.

Kanzler. Da macht jemand dein Lob, ohne es zu wollen.

Baumkircher. Haltet etwas auf meinen Degen und mein Wort, Herr Kanzler, das andre wollen wir dahin gestellt seyn lassen.

Kanzler. Was führt dich zu mir?

Baumkircher. Einige Ungarn und viele Böhmen, die nach und nach, zu Wagen und zu Roß, hier in der Stadt anlangen.

Kanzler. Was denkst du davon?

Baumkircher. Nichts!

Kanzler. Nichts?

Baum

Baumkircher. Als daß ich es euch sagen wollte, falls ihr etwas dabei zu denken hättet!

Kanzler. Weiß man ihre Namen?

Baumkircher. Da ist einer — Prokoplus von Rabenstein —

Kanzler. Ist der hier?

Baumkircher. Eiligst angekommen. Er und die Seinen haben Pferde darüber umge= bracht. Nach ihm — aber nicht von Ungarn, sondern grade aus Böhmen, kam ein gewisser — hm — es ist ein seltner Name — ja — Ptarsco! Ptarsco heißt e=.

Kanzler. Dieser Mann wird uns eben so schwer zu behandeln werden, als dir sein Name schwer zu behalten ist.

Baumkircher. Sonst habe ich nichts zu sa= gen. — Wollt ihr mich entlassen?

Kanzler. Wolltest du den Erzherzog sehen?

Baumkircher. Nein. Ist er gesund?

Kanzler. An Leib und Seele!

Baumkircher. Gut! Frischer Thau auf Land und Leute — gehabt euch wohl. (ab)

Kanzler. Da haben wir nun die Unruhen, welche unsers Herrn guter Wille nach und nach uns zuschicken wird. Er hat das Gute gewollt, Gott wende es zum Guten.

Vier=

Vierter Auftritt.

Rabenstein. Aeneas. Kanzler.

Aeneas. Da bringe ich euch Herrn Profoꞈ
plus von Rabenstein, mein guter Kanzler!

Kanzler. (umarmt Rabenstein) Seid uns willꞈ
kommen!

Rabenstein (zu Aeneas) Laßt es meine Emꞈ
pfehlung seyn, daß ich dieses Mannes Freundꞈ
schaft habe, und euren Herrn, den biebern
Herzmann Friedrich von Oesterreich, herzlich
liebe.

Kanzler. Indeß verbürge ich mich, für seiꞈ
ne Reden und Handlungen.

Aeneas. Genug, um die gute Meinung, die
ich schon von euch hatte, zu bestätigen. Eure
Königinn wird heute noch hier eintreffen?

Rabenstein. Schwerlich! Ich verließ sie
krank und fast ohne Lebenskraft — sie hält sich
aufrecht, mehr als sie vermag. Ein Bote aus
Böhmen, der mich unterweges traf, hat meine
Reise beschleunigt. Ach — Freunde! Wenn euer
Herr nicht hilft — was soll werden?

Kanzler. Ihr wünscht etwa — ihn gleich
zu sprechen?

Rabenstein. Wäre es nicht gut, wenn ihr
ihn vorbereiten wolltet? —

Kanzler. Er sieht selbst!

Aeneas.

Aeneas. Und der freundschaftliche Rath, den er von uns begehren wird, erträgt jedes Hörers Ohr!

Rabenstein. Wohl dem Volke und euch! So eilet, daß ich den Fürsten sehe, dessen menschliche Regierung über Menschen, ihm von vielen Liebe — Wohlwollen von allen erworben hat.

Kanzler. Verzieht! (geht)

Fünfter Auftritt.

Aeneas. Rabenstein.

Rabenstein. Laßt euch halten für eure Liebe zu unsrer verfolgten Königinn!

Aeneas. Ich gebe es euch wieder um eure Treue und Dankbarkeit für Kaiser Albert! Der Unruhen und Gefahren werden nun manche werden — aber mit gleichem Muthe und standhaft will ich das Theil tragen, was mein Herr auf mich legen wird.

Rabenstein Eure guten Seelen geben mir Muth für Böhmen, Elisabeth und Ladislaus.

Sechster Auftritt.

Vorige. Kanzler. Erzherzog.

Erzherzog. Ihr habt die Königinn von Ungarn und Böhmen krank verlassen, mein guter Herr von Rabenstein?

Raben-

Rabenstein. (verbeugt sich mit herzlicher Ehrfurcht) Sehr krank — aber ich fühle immer mehr, daß ihr hier besser seyn und werden wird.

Erzherzog. Meine gute Base hat grosses Leid männlich getragen und überstanden, sie erträgt noch viel. Sie hat meine volle Achtung, und ihr Söhnlein, meine väterliche Liebe!

Rabenstein. So viel bedarf es auch, um alles mit Geduld zu —

Erzherzog. Sie wird doch heute noch kommen? Mein Volk sehnt sich darnach, ihr zu beweisen, daß sie hier willkommen ist!

Rabenstein. Ich bin gewiß, daß sie sich über Vermögen anstrengen wird, Neustadt heute noch zu erreichen.

Siebenter Auftritt.

Vorige. Potendorf.

Potendorf. (giebt Aeneas ein Schreiben) Eben eingelangt. (ab)

(Aeneas erbricht, öffnet, und reicht es ohne hineinzusehen dem Erzherzog)

Erzherzog. (liest inwendig) Sereniſſimo Principi, Domino Friderico (liest leise weiter, dann laut) Uladislaus tertius Poloniae Rex. Electus regni Hungariae — (giebt das Schreiben zornig dem Aeneas) Ich weiß, kenne und erkenne nur einen König von Ungarn — Ladislaus — das unmündige Söhnlein meiner Base Elisabeth. Das

Blut

Blut von Oesterreich wallt in seinen Adern —
und wenn es jetzt meine Wangen färbt: so bedenkt, daß es eine Vermessenheit ist, womit
dieser Pole einen Titel, um den ich mich für
den annehme, dem allein er gebührt, hier vor
mein: Augen bringt. Thu den Brief aus meinen Augen, Aeneas, er macht mich zornig.

Rabenstein. Uladislaus braucht einen Ti-
tel, wozu ihn doch Einige berufen haben. Aber
Böhmen — o daß ich selbst es sagen muß —
großmüthiger Fürst! Die mehresten Stände von
Böhmen haben in der Versammlung zu Prag,
Elisabeth und ihren Prinz, der Krone beraubt —

Erzherzog. Nein!

Rabenstein. Haben Ulrich von Rosenberg
mit vielen böhmischen Großen hingesendet, Herzog Albrecht von Baiern die böhmische Königs-
krone anzutragen.

Erzherzog. Nein, nein sage ich!

Rabenstein. Ja! muß ich sagen, mein
Fürst, ein schmerzliches Ja für die treuen Unterthanen.

Aeneas. Herzog Albrechten?

Kanzler. Ist das möglich!

Erzherzog. Wie? Könnt ihr das? Ver-
gißt ihr eure guten Könige so schnell? Elisabeth!
will alles dich verlassen — fällt alles von dir
ab, armer Knabe! Ha, seid ihr vermessen genug zu glauben, dieser königliche Knabe stehe
allein da, wenn ihr ihn verlaßt? Das denkt
nicht! Wenn ihr alle von ihm gewichen seid,

wenn

wenn auch ich meines Blutes und meines Wortes vergessen könnte — eine Hand von oben
hält ihn — wird ihn halten, gegen den Erd-
kreis!

Kanzler. (greift hastig des Erzherzogs Hand und
führt sie zum Munde) Sie hält ihn, durch dieß
Herz.

Erzherzog. Ihr Undankbaren, Eure Königinn zu berauben, da die Gebeine ihres Vaters
in eurem Schooße ruhen. Zu Prag, über der
Asche ihres Wohlthäters, haben sie die Hände
zum Meineid in einander geschlagen.

Rabenstein. Gnädigster Herr! nicht ganz
Böhmen, nicht alle Stände —

Erzherzog. Und wie mögt ihr glauben, der
Baierfürst werde seinen Ruf damit besudeln, von
der Beute eines geplünderten Knaben, ein los-
gerissenes Juweel in seinen Fürstenhut zu zwän-
gen? Wie denkt euer Rath von Fürsten? —
Was sind wir euch? — Aeneas — guter
Schluck, da habt ihr meine Klagen! Immer hält
doch der Haufen unsern Vortheil für unsre Ehre! (Pause) Ist diese böhmische Gesandschaft
fort?

Rabenstein. Sie muß indem in Baiern eintreffen.

Erzherzog. Kanzler! Man sagte mir gestern, der Herzog sage an unsern Gränzen —
reise hin! Gleich nimm meine schnellsten Pferde,
wähle deine Begleiter — laß mich dich bald zu-
rückkommen sehen — Gott mit dir!

Kanz-

Ranzler. (verbeugt sich) Meine Instruktion?

Erzherzog. Die einzige, die man in einer solchen Sache und einem solchen Manne mitzugeben hat — „sprich wie du fühlst!"

Ranzler. Meine Vollmacht, wie weit ich gehen darf?

Erzherzog. Daß dem Prinzen sein Eigenthum bleibe! Es koste was es wolle! (sanfter) Und ich lasse dem Herzoge in Baiern meinen besten Willen freundlich und nachbarlich entbieten. Geh — ich bin deiner gewiß! Sei es meiner.

(Ranzler verbeugt sich und geht ab)

Achter Auftritt.

Vorige, ohne Ranzler.

Erzherzog. Ich habe dem heiligen Vater, meinen guten Ladislaus bestens empfohlen.

Aeneas. Meineid, Empörung muß ihm ein Gräuel seyn. Er wird alle seine Gewalt über die Herzen und Gewissen brauchen, dem gekränkten Landesherrn Recht zu verschaffen. Einen schönern Augenblick giebt es nicht, sich als Vater der Christenheit zu zeigen.

Neun-

Neunter Auftritt.

Vorige. **Eleonore** in weißen Atlas geklei=
det, ohne allen Schmuck.

Erzherzog: (ihr entgegen. Zu Rabenstein)
Meine Gemahlinn! (Rabenstein verbeugt sich tief. Zu
ihr) Ein edler Böhme — Prokopius von Rabenstein.
Der wenigen einer, die täglich bei der sechsten
Bitte, auch des Elbes an ihren Fürsten geden=
ken, und dafür mit Segen gestärkt einhergehen.

Eleonore. Diesen Frieden des Gewissens
liest man auf eurem Gesichte, seid dafür willkom=
men!

Erzherzog. So bald ihr wollt. Indeß
geht und gebraucht bei den Böhmen euer Herz
und Ansehen. Aeneas Sylvius — unterstützt
ihn von meinetwegen. Ich beurlaube euch —
lebt wohl!

Rabenstein. Gnädigster Herr. Eure Ehe
ist das Bild alles Guten, was einen Bürger
glücklich machen kann. Dieß wirkt also durch
alle Stände, daß man sagen kann, glückliche
Ehe des Fürsten, ist der gute Engel, der über
aller Unterthanen Heerde schwebt.
(verbeugt sich und geht mit Aeneas ab)

Zehnter Auftritt.

Eleonore. Erzherzog.

Erzherzog. Er hat Recht, der brave Mann, und das größte Theil dieses Guten, gebührt euch, Eleonore!

Eleonore. Nicht doch! Ich weiß euch zu verstehen. Größer sind meine Ansprüche nicht, und können es nicht seyn ——

Erzherzog. Wir sind glücklich! laß uns so fort wandeln, ohne zu untersuchen, warum wir es sind!

Eleonore. So zufällig wäre diese Quelle gefunden, so sparsam gäbe sie aus, daß wir fürchten müßten, im Nachgraben, sie zu verlieren?

Erzherzog. Eleonore!

Eleonore. Und doch hat sie uns so reich ausgegeben!

Erzherzog. Nein sie wird niemals verstegen! — Mit welcher Beklemmung — sah ich meiner Ehe entgegen, als ich zu Florenz die Nachricht erhielt, ihr wäret zu Livorno gelandet! Aber bei dem ersten Anblick zu Siena — denkt ihr noch des schönen Tages — bei dem ersten Anblick war ich meines Glücks gewiß! laßt mich berauscht seyn, von diesem klaren Quell wieder und wieder kosten — immer werde ich den Reichthum finden, der mein Herz erhebt!

Eleo.

Eleonore. Guter Friedrich!

Erzherzog. Ihr selb in das Gewand euer Seele gekleidet, Eleonore?

Eleonore. Ich dachte —

Erzherzog. (die Hand auf ihren Arm legend) Es ist über euer ganzes Wesen verbreitet, was ihr bei dieſem einfachen Anzuge dachtet, und giebt euch eine unbeſchreibliche Anmuth! Ihr wollt die Königinn von Ungarn und Böhmen empfangen, wie eine gute Hausfrau. ●

Eleonore. Sorgfalt im Schmuck, ſchiene, dünkt mich, ihrer Trauer zu ſpotten.

Erzherzog. Aus den Ehrenbezeugungen meines Volkes und meines Hofes, will ich, daß ſie ſehe, ſie ſei überall Königinn und an keinem Orte mehr als hier! Im Innern meines Pallaſtes — theile ſie unſre ſtillen Freuden; an euerem Buſen weine ſie gern ihre Thränen, und willig empfangt ihr ihre Klagen — ſo denkt ihr! das macht mein Glück. So habt ihr euch Eliſabeth gleich ankündigen wollen; dafür nehmt den Dank meines Herzens, das euch ſehr ehrlich liebt!

Eilfter Auftritt.

Vorige. Aeneas.

Erzherzog. Was bringſt du, Aeneas?

Aeneas. Eine Botſchaft aus Ungarn, die mich ganz nicht erfreut.

Erz-

Erzherzog. Auch die Ungarn? auf diese Dinge muß man sich nun gefaßt machen.

Aeneas. Allerdings! auf weit aussehende, ernste Dinge!

Eleonore. (seufzt) Freilich! nur laßt uns der guten Elisabeth sie verbergen.

Aeneas. Wo die Sache selbst es zulassen will.

Eleonore. Für edle Seelen ist es eine arge Pein Ihre eignen Leiden auf andre fallen zu sehen, und Freundschaftsbezeugungen erquicken nicht mehr, wenn sie Wohlthaten scheinen!

Erzherzog. Aeneas! haben wir Deutschland mit dieser Frau vom Douro h:r, um eine gute Fürstinn bereichert?

Aeneas. Dafür ist nur eine Stimme.

Erzherzog. Bey so viel Gutem was mir ward, sollte ich das Uebel nicht mit Gleichmuth tragen? — berichtet!

Aeneas. Uladislaus von Polen ist zu Ofen wirklich als König von Ungarn gekrönt! und ist jetzt gegen die Türken gezogen.

Erzherzog. (zu Eleonore) Und die Böhmen haben Albert von Baiern gewählt — schlimm!

Aeneas. Der Erzbischoff von Gran, der nemliche, der Ladislaus gekrönt hat —

Erzherzog. Hat auch diesen gekrönt?

Aeneas. Ja. Und Ladislaus Gara, der zuerst Ladislaus gehuldigt hatte, hat nun auch dem Könige von Pohlen gehuldigt, worauf viele

le Edle ihnen gefolgt, und viel Volk abgefal-
len ist!

Erzherzog. (mit bitterm Lächeln) Soviel gilt
die Treue, die man Fürsten schwört? — Die
Menschen sonnen sich in ihren Wohlthaten; kaum
daß eine Wolke den Stral schwächt, — so huldigen sie dem nächsten Gestirn — einem Irrwisch,
wenn er nur leuchtet! ha! es ist drum etwas
stattliches um ein ehrenrechtes Gewissen, bey
einem Fürsten. Das allein hält aufrecht; und
häuslicher Frieden daheim in der Burg, erfrischt
uns, daß wir das Regiment noch fortsetzen mögen, über die Undankbaren — wohl mir —
ich habe beides!

Aeneas. Ferner meldet der Graf von Cilli,
der Theil der Ungarn, der es mit Ladislaus noch
hielte, sey sehr unzufrieden mit der Hieherreise
des Prinzen und der Königinn. Die Unruhen
deshalb mehren sich stündlich, sagt er, die Oesterreicher haben die Ungarn zu einem Bündniß da-
gegen eingeladen, und wirklich sey eine ungarische Gesandschaft deshalb hieher unterweges! Man
will den Prinzen zurückbegehren.

Erzherzog. Allerdings?

Aeneas. Mit gewaffneter Hand, wenn man
es weigerte.

Erzherzog. Das erwarten wir.

Aeneas. Graf Cilli ist von diesen Leuten in
ihre Parthie gezogen.

Erzherzog. Diese Leute sind von Graf Cilli
in seine Parthie gezogen, er will herrschen.

Aene-

Aeneas. Auch die Böhmen, die des Prinzen Parthie nehmen, und deren Anzahl sich hier
stündlich mehrt, vermeinen doch den Prinzen in
Prag haben zu müßen.

Erzherzog. Das wird nicht geschehen.

Aeneas. Am allerunruhigsten aber sind die
Oesterreicher desjenigen Antheils, der noch dem
Prinzen gehört, diese wollen ihn durchaus bey
sich haben.

Eleonore. O liebster Gemahl —

Erzherzog. Ich bin ruhig — denn ich bin
entschloßen! — Alle Dreye verlangen ihn?
Kann ich ihn allen Dreyen geben? Unter meinen Augen bleibe der Prinz, werde zum guten
Regenten gebildet! Mögen sie mich neken und
beunruhigen — mache ich nur das Glück des
Prinzen und seiner Völker!

Zwölfter Auftritt.

Vorige. Potendorf, giebt Aeneas ein
Schreiben und geht.

Erzherzog. Von wem? öffnet!

Aeneas. (öfnet) Die Stände von Oesterreich
aus dem Antheil des Prinz Ladislaus —

Erzherzog. Leset ihr! — Warum so trau-
rig Eleonore?

Eleonore. Daß eine gute That Blut kosten
soll!

Erz.

Erzherzog. Eure gute Seele sorgt da gleich das Härteste!

Eleonore. Liebte ich sonst? Ja Friedrich — das Ungewitter ist hieher geleitet — über uns wird es ausbrechen. Nur nicht über euch — über euch nur nicht!

Erzherzog. Eleonore! Der mir Sinn gab für meine Pflicht — schützt mich von seiner hohen Burg! (zu Aeneas) Was verlangen sie?

Aeneas. Den Prinzen.

Erzherzog. Nein!

Aeneas. Aber gnädigster Herr!

Erzherzog. Nein! nein sage ich! gegen Oesterreich, Ungarn und Böhmen — nein!

Aeneas. Ein schönes, fürstliches Wort! aber — je länger je mehr ein schweres Wort!

Erzherzog. (lächelnd) Es ist auch nicht leicht — Fürst seyn!

Aeneas. Georg Giscra, aus dem edlen Geschlecht der Bromber — ein tapfrer Böhme, hat ganz die Parthei der Königinn genommen. Er fällt den Ungarn mit seiner wenigen Mannschaft fast beschwerlich!

Erzherzog. Siehst du — ich danke dir für die Botschaft. Gott lohne dirs, tapfrer Böhme! Glaubt mir, so lange es Menschen giebt, wird auch die gute Sache immer noch einen Arm für sich haben!

Aeneas. Wahr! Allein eben dieser Giscra zieht uns durch seine Streifereien die Feinde an

die

die Gränze. Wenn sie nun über die Gränje kommen —

Erzherzog. Dann wehren wir uns unsrer
Haut! — Da ich dieses Kind und seine Mutter aufnehmen wollte — glaubt ihr, daß ich
nicht auch daran gedacht hätte, wie ich wohl
einmal das Schwert für sie würde ziehen müssen?
Ich habe daran gedacht. Ich werde es ziehen,
und es wird die Meineidigen strenge heimsuchen.

Aeneas. Dann ist es um so mehr nöthig,
sich in eine Verfassung zu setzen —

Erzherzog. Viertausend Reisige und eben
so viel Fußvolk werden morgen hier zusammensto-
ßen. Ausserdem wird die Hülfe der benachbar-
ten Fürsten mir nicht entstehen.

Dreizehnter Auftritt.

Vorige. Potendorf.

Potendorf. Das Volk rennt haufenweis an
die Thore, den Einzug der Königinn Elisabeth
zu sehen! Sie ist nahe an der Stadt, und —

Erzherzog. Willkommen Dulderinn!

Potendorf. Ptarsco — der böhmischen
Großen einer, verlangt sehr dringend mit eurer
Hoheit ein Gespräch zu halten.

Erzherzog. Führt ihn her. (Potendorf geht)
Höre ihn, Aeneas! Ich kann wenigstens jetzt
nicht. Kommt Eleonore, wir wollen Elisabeth
entgegen sehen, Wohlthuend wird es euren Herzen

zen seyn , friedlich und sicher die Verfolgte durch
den Seegen unsrer Fluren einziehen zu sehen.
(beide gehen.)

Vierzehnter Auftritt.

Aeneas. Potendorf führt Ptarsko ein.

Ptarsco. (im Eintreten, zu ihm) Ist das der
Erzherzog?

Aeneas. Nein!

Potendorf. Es ist Aeneas Sylvius.

Ptarsco. Gut ! (zu Potendorf) Dahin aber
habe ich nicht verlangt.

Aeneas. Laßt es euch so gefallen — der
Erzherzog hat mir aufgetragen —

Ptarsco. Was ich ihm aufzutragen hätte
— kann ich nur ihm sagen!

Potendorf. (halblaut). Ich kann euch sagen,
dieser Mann besitzt das Vertrauen des Erzherzogs.

Ptarsco. Hm — ich besinne mich deß.

Potendorf. Und verdient es, denn —

Aeneas. Wenn ihr mich zu dem Geheimnisse
dieses Herrn empfehlen wollt: so thut ihr mehr
als ich verlange.

Ptarsco. Können wir allein seyn?

Aeneas. Was meint ihr , Herr von Potendorf ?

Potendorf. Nicht wahr , ihr wollt allein
seyn?

Ptarsco. Fürwahr es wäre gut.

Po-

Potendorf. So halte ich es für meine Pflicht, dafür zu sorgen, daß ihr nicht gestört werdet. (ab)

Fünfzehnter Auftritt.

Aeneas. Ptarsco.

Ptarsco. Ihr seid im Vertrauen eures Fürsten? So ist es nöthig, daß man euch gewinne?

Aeneas: O ja.

Ptarsco. Wie ist das zu machen? Ich bin Soldat — laßt mich keine Zeit verlieren. Wie gewinne ich euch?

Aeneas. Wenn ihr mich überzeugt.

Ptarsco. Ich will die Königinn von Böhmen nicht.

Aeneas. Ihr Sohn —

Ptarsco. Ist ein Kind! Könige sollen nicht Kinder seyn!

Aeneas. Wen wollt ihr?

Ptarsco. Albrecht von Baiern! Ich und mein Anhang.

Aeneas. Ihr wißt, der Erzherzog hat sich für das Recht der Königinn erklärt —

Ptarsco. Ich weiß es — und hindre es.

Aeneas: Einer Wittwe —

Ptarsco. Ich will nichts gegen ihr Wittthum.

Aeneas. Einer unmündigen Waise, wollt ihr sein Erbrecht rauben?

Ptarsco. Der böhmische Scepter ist kein Spielwerk für Waisen.

Aene-

Aeneas. Ihr täuschet mich nicht! Diese Va-
terlandsliebe erwärmt euch nicht!

Ptarsco. Nicht?

Aeneas. Haß glüht in euch gegen Alberts
Stamm! Das sage ich in euer Angesicht! Albert war Mann, als er den Thron bestieg. Ein
Weiser, der den böhmischen Szepter führen konnte. Ihr waret es, der diesen Scepter ihm ent-
winden wollte, Glaubtet ihr auch von ihm, er
würde ihn zum Spielwerk brauchen?

Ptarsco. Nein! aber damals war —

Aeneas. Böhmen war glücklich unter ihm
und zufrieden. Da beriefet ihr die Polen in
euer Vaterland. Sie kamen, und Ptarsco machte das Heil seines Vaterlandes zum Spielwerke
seines Eigensinnes. Er sengte und brennte in
Böhmen, gierig trank sein Schwert das Blut
der Mitbürger — die Fliehenden, die wehrlos
Gemordeten — rauchende Hütten — zerstörte
Tempel, das Aechzen der Sterbenden, über die
sein Heer hinausflog, sprachen nicht zu seinem
Herzen. Er wollte das Heil der Böhmen im
Blute der Böhmen gründen. — Ptarsco! —
So würde die gute Mutter — eures angebohrnen Königs, euer Heil nicht wollen.

Ptarsco. Höret mich —

Aeneas. Da kam Albert der Mann und ihr
fühltet seinen Arm; denn er schlug euch bey Ta-
bor. Schlug euch nieder! Dafür wollt ihr jetzt
sein wehrloses Kind ausschließen von der Erb-
schaft? Seyd ihr kühn genug es zu wollen —

D   so

so wisset, Friedrich hat Muth genug es zu hin-
bern?

Ptarsco. (kalt) Auch Kraft genug?

Aeneas. Ja! — dieß ist nicht der Zank
zweier Fürsten, darum man Menschen hinsendet,
sich zu würgen. — Sache der Menschheit ist
es. Wer jemals über Undankbare geseufzt hat,
wird mit uns gegen euch fechten. Besinnt euch,
Ptarsco! Das Schwert fällt hart wo Recht
den Arm führt.

Ptarsco. Es wird euch schwer werden sie
zur Königinn von Böhmen zu machen.

Aeneas. Wie rühmlich, wenn ihr es leicht
machen wolltet!

Ptarsco. Worte können nicht Sachen weg
reden.

Aeneas. Mein Amt ruft mich hin — lebt
wohl.

Ptarsco. Mein Blut treibt mich fort —
es gehe euch gut. (Geht. Man hört aus der Ferne
einen prächtigen Marsch. Beide bleiben stehen.)

Aeneas. Ptarsco! — Stimmt die Güte
unseres Herrn — die Freude des Volkes dich
nicht sanfter?

Ptarsco. Nein! Eure Triumphe spannen
meinen Entschluß! — Da ich her ritt, strömte das Volk mir entgegen, lagerte sich auf Hal-
den — an die Ufer der Bäche, die Knaben
kletterten auf Bäume — sie riefen herab, andre herauf — wo in der Ferne etwas schlummer-
te — rief alles, Elisabeth! Die Menge tau-
melte

melte ihr und rief es nach — Elisabeth! So
hörte ich bis an die Stiegen dieses Pallastes —
nichts als, Elisabeth! „Wann erscheint sie?
welche ist es? „Nun höre ich es wieder hier von
euch — und hier — in dieser Stadt — in
diesem Schlosse — von euch — will ich es
bald hören — „Elisabeth und Ladislaus sind
doch nicht König und Königinn von Böhmen!"

Aeneas. Nimmer!

Prarsco. Ihr werdet mir es sagen — gedenkt meiner — der Erzherzog selbst wird euch
das befehlen!

Aeneas. Worte reden keine Sachen weg —
und könnte der Erzherzog das mir sagen — so
würde ich sein Angesicht verlassen auf ewig.
Dann wollte ich für die hintergangene Königliche Wittwe im Böhmerlande mit meinen Händen lieber Rüben bauen, als das Wort aus-
sprechen, das mein Herz verflucht. (er geht. Der
Marsch kommt näher.)

Prarsco. Regenten-Tugend weiche eignem
Vortheil!. Bald, bald schallen diese Triumphe
dem neuen König von Böhmen.

(ab)

Sechs-

Sechszehnter Auftritt.

(Es verwandelt sich in den großen Ritterſaal. Er iſt
zu beiden Seiten mit Leibwache beſezt. Am Eingange
oder doch oben, Gallerie mit Trompeten und Paucken.
Linkerſeits ein prächtiger Thron, unter deſſen Himmel,
auf den Stufen, ein ſehr breiter Siz, mit Silberſtük
überhangen iſt. Der Marſch von auſſen geht fort.
Zuerſt kommen)

Hofleute, dann Aeneas. Hinter ihm Jemand, der auf einem reichen Kiſſen eine Urkunde mit herabhangenden Kapſeln trägt. Nach
dieſen der Erzherzog und Eleonore, die
Eliſabeth in der Mitte führen. Hinter dieſen
Sigismund Dann die Frauen mit Ladislaus. Die Frauen der Erzherzoginn. Zech
Ladoni. Da ſie am Throne ſind, hört der
Marſch auf. Eine Intrate von Trompeten und
Paucken. Da dieſe endet, nimmt Eliſabeth
die Frau mit dem Prinzen, und ſtellt
ſie neben ſich.

Eliſabeth. Guter Fürſt! — Ihr alle, die
ihr unter ſeinem Szepter wohnt, hier ſeht ihr
eine Königinn, die vor ihren Unterthanen fliehen muß — und die für eure Aufnahme mit
Rührung dankt! Urtheilt nicht ungleich von mir
— um dieſer Flucht willen. Ich habe alles
verſucht, alles gelitten. Denn lieber will ich
widerſtehend vertilgt werden, als mir und dieſem

Knas

Knaben durch unzeitige Furcht, Reiche aufge=
ben, die durch heiliges Erbrecht, durch das ver=
goſſene Blut und die Wohlthaten unſerer Vor=
fahren uns gehören. Aber — — (wird ſchwach)
erlaßt mir, mehr zu ſagen, meine Schwachheit
nimmt ſtündlich überhand. (Man bringt ihr einen
Seſſel, dem Throne gegen über, ſie ſezt ſich) Möge
mir es ſo gut werden, hier meine Augen zu
ſchließen, wo ich ſo menſchlich aufgenommen bin!
Gott ſegne dich, mein Kind; du haſt einen Va=
ter gefunden — laß mich nun in meinen Witt=
wen=Schleyer hüllen und zu Grabe tragen.

Erzherzog. (nimmt das Kind, ſezt es auf die
Erhöhung unter dem Thronhimmel, betritt eine Stufe
daneben, und hält es, an ſeinem Arme ruhend) Hört
es alle und erinnert mich immerbar, daß ich die=
ſen Ladislaus, für den einzig rechtmäßigen Kö=
nig von Ungarn und Böhmen erkenne! (Tuſch
von Trompeten und Paäcken)

Alle. Lange lebe der König von Ungarn und
Böhmen!

Eliſabeth. (will aufſtehen, vermag es nicht)
Sein Volk ſey geſegnet — ſeine Regierung einſt
weiſe und glücklich.

Erzherzog. Dieſe Urkunde — (der ſie trägt
tritt vor) enthält das feierliche Verſprechen der
Königlichen Mutter, Sohn und Krone heraus
zu geben, wenn ſie das begehren wird! (zu Ladoni)
Empfangt ſie. (Aeneas nimmt und giebt ſie Ladoni
Dieſer ſtellt ſich damit hinter Eliſabeth.) Hier ſteht
mein Mündel Sigismund von Oeſterreich, ſein

frisches Ansehen beweise euch, daß anvertrautes Gut mir heilig ist. (Sigismund verneigt sich) Und nun erwarte ich von euch allen, wenn ich für die Sache dieses Kindes fechten muß : Muth und Treue!

Alle. (durch einander) Ja, ja — bis in den Tod — ja!

Erzherzog. Und wenn ich aufhöre zu seyn, ehe er zu seinen Tagen kommt — daß jeder von euch die Sache dieses Königs —— (erhebt und zeigt ihn) als Erbtheil von mir annehmen wolle!

(Einige.) Gern, gern!

(Andre.) So wahr uns Gott helfe!

Erzherzog. Ich danke euch! (geht vom Throne herab, mit Ladislaus zur Königinn, indem rufen)

Alle. Es lebe Friederich von Oesterreich!

(Der Vorhang fällt. Tusch von Trompeten und Pauken auf dem Theater, worauf gleich ein prächtiger Zwischenakt einsetzt, der zuletzt, gegen Anfang des dritten Akts, in ein sehr sanftes Adagio übergeht.)

Ende des zweiten Aufzugs.

Dritter Aufzug.

(Voriger Saal ohne Thron. Ringsum Bänke mit ro=
them Tuch behangen. Diese schließen in der Mitte des
Saals einen Zirkel, in dessen offner Rundung — ein
Armsessel — so wie vorn wo die Bänke aufhören an
jeder Ecke ein Sessel ist.)

Erster Auftritt.

Potendorf. Tachensteiner:

Potendorf.

Ich bin sehr eilig.

Tachensteiner. Ihr seid es oft —

Potendorf. Es ist sehr wichtig.

Tachensteiner. Ich will ihn rufen. (ab)

Potendorf. Man muß mir das sehr Dank wis=
sen, denn auf alle Fälle, ist es doch eine be=
trächtliche Nachricht. Und man zeigt doch mit
dergleichen Kenntnissen den Leuten wer man ist.

Zweiter Auftritt.

Potendorf. Baumkircher.

Potendorf. (auf ihn zu) Den Gesandten der Oesterreicher aus Prinz Ladislaus Antheil hat man die Herausgabe des Prinzen verweigert, nun rüsten sie sich mit vieler Mannschaft — Es sind Zwölftausend.

Baumkircher. Ich weiß es.

Potendorf. So? und hier in Neustadt sind nur achthundert Reuter? Das wißt ihr doch auch?

Baumkircher. Ja! aber für zwölftausend Mann gute Sache; laßt euch nicht bange seyn: Sonst noch etwas?

Potendorf. Eben nicht — aber das war auch genug, vielleicht zuviel für uns. — Die böhmischen und ungarischen Stände, mit ihren Abgeordneten, sollen sich hier versammlen? Wenn die nun auch den Prinzen fordern? bedenkt, wie will man diese alle befriedigen?

Baumkircher. Was man darauf antworten wird, weiß ich noch nicht, weil man noch nicht geantwortet hat.

Potendorf. Man ist im Begriff zwischen der Königinn und Uladislaus einen Vergleich zu schließen — aber sie stirbt darüber weg — und dann —

Drit-

Dritter Auftritt.

Vorige. Eleonore. Endlich Neideck.

Eleonore. Die Berichte lauten immer be-
unruhigender. Was meint ihr?

Baumkircher. Es ist schon alles geschehen,
damit wir dabei nicht feiern.

Eleonore. Es sieht trüb aus.

Baumkircher. Nicht doch, wir haben alle
Muth.

Eleonore. Aber gegen die Menge? —
Die Oesterreicher und Ungarn verbinden sich gegen uns. Sagt aufrichtig, was haben wir zu
fürchten?

Baumkircher. Ich weiß eurer Hoheit nur
zu sagen, daß ich nichts fürchte.

Eleonore. Ihr verbergt die Gefahr!

Baumkircher. Wollte eure Hoheit sich in
Sicherheit begeben?

Eleonore. Wenn Gefahr um Friedrich ist?
Denkt ihr das von der Gemahlinn eures Fürsten?

Baumkircher. Die Wahrheit zu sagen —
nein!

Eleonore. Aber ich wünschte die Zeit wär
da, daß Friedrich mit Herrlichkeit und Macht
gehandelt hätte und als Sieger heimgekehrt wäre. — Die Unruhen und Sorgen, die zwischen
diesem Wunsche und der Zukunft liegen —

Baumkircher. Kann eurer Hoheit Niemand nehmen.

Neideck. (kommt) Die Königinn Elisabeth wird sehr schwach und verlangt sehnlichst nach eurer Hoheit.

Eleonore. Wie es komme —— so geht nie meinem Gemahl von der Seite. Ich meine der Schutzengel des Landes gienge vor ihm her, wenn eure Brust die seine deckt.

(mit Neideck ab)

Vierter Auftritt.

Potendorf. Tachensteiner. Baumkircher.

Tachensteiner. Die Abgeordneten beider Königreiche sind hier.

Baumkircher. Kommt! (gehen ab)

Fünf-

Fünfter Auftritt.

Zwei Marschälle , führen zu gleicher Zeit von zwei Seiten, der Eine, den **Sternberg**, **Rabenstein** und die böhmischen **Stände**; der Andre , **Villacky** und die ungarischen **Stände** ein. Sie stellen sich zu beiden Seiten längs der Bänke; die beiden Sprecher vor die Stühle. Die Mitte bleibt unbesetzt. Den Hintergrund schließt Wache. Bald **Aeneas** und **Potendorf**, der im Hintergrunde bleibt. Nachdem alles ruhig ist.

Sternberg. (zu den Böhmen) Vaterländische Männer! Wir sehen hier die Abgeordneten zweier Königreiche versammelt. Böhmen und Ungarn verlangt seinen König zu besitzen. Jedes Reich verlangt ihn für sich. Edle Ungarn! Dieß ist ein so rühmlicher Wettstreit von Liebe und Treue, daß wir — eben dieser entgegengesetzten Verlangen halber uns brüderlich lieben müssen. So heisse ich euch, die ihr für euch allein besitzen wollt, was wir für uns allein behalten wollen — brüderlich willkommen! —

Villacky. Ich danke euch, wir danken euch alle! Möge der Prinz aus fremden Händen unter seine Unterthanen kommen — das laßt uns erst gemeinschaftlich bewirken. Sei es — daß wir hernach mit diesem köstlichen Gute wechseln, bis er selbst entscheiden kann! laßt uns wetteifern, wer ihn am meisten liebt. Unter diesem

Ste

Segen seiner Unterthanen wachse Ladislaus auf
— dann habe sein Herz den schönen Kampf,
wen er am meisten lieben soll — Uns oder
Euch! Dieser Kampf der Vaterliebe unsers Für=
sten, wird welcher Segen über Ungarn und Böh=
men seyn! (die Wachen öffnen sich — Aeneas und
Potendorf treten ein — Aeneas verbeugt sich gegen al=
le — Sternberg erwiedert es — Villacky auch, aber
mit Stolz.)

Aeneas: (stehend) Im Namen des Durch=
lauchtigsten Fürsten, Friedrichs, Erzherzogs von
Oesterreich. (alle entblösen ihre Häupter) Edle tapfre
Männer, trete ich unter euch! Es wäre ihm ei=
ne freudige Pflicht, diese treue Freunde seines
königlichen Mündels selbst zu begrüßen, aber,
Freundschaft und die Stimme des Blutes haben
diesen Fürsten eben jezt an das Todbett eurer
guten Königinn gerufen. (er deutet, daß man sich
setze, denn setzt er sich. Villacky und Sternberg nach
ihm. Dann Alle nach ihren Sprechern.) Redet!

Sternberg. (aufstehend) Ueber die hinfällige
Gesundheit unsrer Königinn, können wir keine
redlichere Theilnahme bezeugen, als die ist, wenn
wir für ihren Prinzen Sorge tragen. (seufzt)
Ich empfehle Gott, was wir nicht ändern kön=
nen, und hoffe, ein jeder von euch, werde der
Sterbestunde unsrer Königinn jezt mit Fürbitte
gedenken. (Pause) Und nun laßt uns männlich
an das gehen, was noch zu ändern steht! —
Wollt ihr, daß dieser Prinz, den ihr uns vor=
enthaltet, dadurch, daß ihr ihn hier bei euch er=
ziehrt,

zieht, uns fremd, seine Böhmen ihm fremd werden? Soll, der uns einst beherrschen, schützen, lieben soll —— mit dem Mißtrauen gegen uns aufwachsen, daß man ihn uns nicht hätte anvertrauen können? Uns —— die wir für ihn fechten, leben und sterben wollen? Nein! das ist gegen die heiligen Rechte, die wir auf diesen Prinzen, er auf uns hat. Darum werde er uns übergeben. In Böhmen, wo er die Sitten, die Rechte, die Gebräuche, die Sprache seines Volkes sehen und lernen kann, wird er als Knabe schon aller Herzen gewinnen. Unsre Lage bedarf eines Königs. Eines —— dessen Rechte über uns wir erkennen und lieben, wenn schon er sie selbst nicht üben kann. Gebt ihr uns den Prinzen nicht, so kann es seyn, daß alle —— was doch noch nicht einstimmig geschehen ist —— einen andern König wählen. Also gebt uns unsern König!

Alle. (aufstehend, durch einander) Unsern König!

Die Ungarn. Unsern König!

Aeneas. (steht auf) Hört mich!

Böhmen. Ungarn. Wir wollen unsern König haben!

Aeneas. Ich rede an meines Fürsten Stelle.

Sternberg. Redet! (setzt sich)

Villacky. (zu den Ungarn) Beruhigt euch noch! setzt euch! (Böhmen und Ungarn setzen sich.)

Aeneas. (setzt sich) Redet zuvor, gute Ungarn!

Vil=

Villacky. (steht auf) Unsern König gebt uns. Das Königreich Ungarn, diese Vormauer, dieß Schild der Christenheit, kann länger nicht ohne seinen König seyn. Es kann es nicht, und — im Namen aller, die gegen den polnischen Uladislaus, für dieses Kind, Blut, Gut und Leben daran gesetzt haben, sage ich — es will nicht länger ohne seinen König seyn! Schickt ihn in sein Reich, wo er geboren, getauft, gekrönt ist!

Die Ungarn. (sitzend) Ladislaus unsern König gebt uns!

Die Böhmen. (heftig) Uns gebt unsern König!

Die Ungarn. Lange lebe Ladislaus, König von Ungarn!

Die Böhmen. Es lebe Ladislaus König von Böhmen! (Alle stehen bei diesem Ruf durch einander auf.)

Aeneas. (tritt unter sie) Wollt ihr mich nun hören?

Einige. Nein, nein, nein!

Andre. Hört ihn doch — ja, ja!

Sternberg. Ruhig, meine Freunde!

Villacky. Ihr sollt ihn hören!

Aeneas. Böhmische Männer! Edle Ungarn! (lautes Gemurr der Ungarn.)

Sternberg. Still!

Villacky. Frieden!

Aeneas. Edle Ungarn! — Böhmische Männer! Ihr wünscht und bittet von dem Erzherzoge,

ge, er wolle Ladislaus, eures ehemaligen Königs Sohn, zu euch senden. Das wünscht ihr beide Theile, im Namen zweier Königreiche! Eben das fordern die Oesterreicher des Theils wo dieser euer König auch Erzherzog ist, und, zwar fordern sie es mit ungestümmen Bitten. Geschieht euer Wille: so beleidigt man jene. Hört man die Bitten jener: so scheint man der eurigen nicht zu achten. Sollte es dann seyn, es wäre durchaus erforderlich, für einen Theil sich bestimmt zu erklären; so würde der Herzog eure Freundschaft (zu den Böhmen) vorziehen müssen. Denn, sind nicht zwischen seinen Ahnherrn und dem böhmischen Volke von jeher die heiligsten Verträge gewesen? und sind nicht noch die biedern Thaten, womit wechselweise die österreichischen Fürsten und die böhmische Nation sich einander verbunden haben — frisch in eurem Gedächtniß?

Sternberg. Allerdings! aber —

Aeneas. Warum aber sollte dieser Fürst jetzt Einem vor dem Andern den Vorzug geben, da der Königliche Knabe in einem Alter ist, worinn er weder den Ungarn noch den Böhmen nützlich seyn kann?

Villacky. Mit Nichten! Er kann uns nützen, er kann —

Aeneas. So nehmt denn einmal an, er würde euch in eines der Königreiche hingegeben, was wird das Glück des Volkes durch seine Person gewinnen? Kann er eure Heere gegen den

Feind

Feind führen? Kann er über Krieg und Frieden richten? Nichts von diesem allen kann der,
der noch unmündig ist! Aber seinen Hof müßtet
ihr dann halten, Königlichen Pracht, nach der
Weise und Herkommen seiner hohen Vorfahren.

Alle Böhmen. Das wollen wir!

Alle Ungarn. Gern, gern!

Villacky. Prächtiger soll er leben, als einer
seiner Vorfahren.

Aeneas. Das glaube ich eurem Edelmuth,
und eure Liebe rührt mich. (zu den Ungarn) Aber
dazu gehören große Summen, und ihr seyd in Kriege verwickelt! (zu den Böhmen) Euer Schatz ist
allerdings erschöpft, wie man sagt. Ihr müßtet also zu eurem eignen Vermögen greifen und
es verwenden. Ihr müßtet den König erhalten,
seinen Hofstaat, die ganze Menge der Edelleute,
der zahlreichen Diener, der oft so unersättlichen
Räthe, alles dieses müßtet ihr reichlich unterhal-
ten. Nun weiß ich unter euren Großen viele,
die an Weisheit, Reichthum und Einfluß, gleich
ansehnlich und mächtig sind! Die Sorgfalt, die
Aufsicht über den König aber, kann man nur
Einem nicht Mehrern anvertrauen. Jetzt überlegt es meine Freunde — wird nicht derjenige
von euch — der die Person dieses Königlichen
Kindes in seiner Gewalt hat, eben dadurch
euer aller Herr und Beherrscher seyn? (Pause)
Und wer unter euch, wird nicht alles thun,
um diese Ehre lieber für sich selbst zu haben,
als daß er sie einem andern überlassen sollte?

Ra-

Rabenstein. Was dünkt euch hievon? Mir scheint dieses sehr wahr. Ich bitte, bedenkt es wohl, es ist sehr wahr, was er da gesagt hat!

Aeneas. Ihr streuet also den Saamen der Uneinigkeit unter euch aus, meine Freunde, wenn ihr nicht vorher ausmachen wollt — wer von euch — die Aufsicht über den König haben soll?

Einige Böhmen. Das ist wahr.

Andre Böhmen. Da hat er recht.

Aeneas. Von allen diesen Unbequemlichkeiten nun meine Freunde — von allen diesen Uneinigkeiten befreit euch Friedrich, der auf seine Kosten, mit beträchtlichem Aufwande, seinen königlichen Mündel erhält. Anständiger ist er in seinen Händen, als in irgend Jemandes, denn er ist sein Blutsfreund. [....]ebrich ist aus dem Hause Oesterreich geboren, wie Ladislaus.

Villacky. Böhmen scheint euch denn doch ein näheres Recht auf den König zu haben, als wir?

Aeneas. Hört mich an. Würde diese Sache einem andern Richter vorgetragen, daß er sprechen sollte, zwischen Ungarn und Böhmen, „wem von beiden die Sorge für den König gebühre?" Er würde beiden gleiches Recht geben. Denn beide wünschen den König bei sich zu haben, beide haben Beweise ihrer Treue abgelegt. Aber — ich berge es euch nicht, böhmische Männer! Darinn mögte er etwa den Ungarn

E   ei-

einen Vorzug gestatten, weil sie sagen können —
„Dieser König ist bei uns geboren, bei uns ge=
krönt!" — Ihr beide könnt es dem Erzherzoge
nicht verargen, daß er, in der Sorge für einen
so nahen Verwandten euch beiden — sich vor=
zieht! Regirt ihr mit Einmuth, mit Vaterlands=
sinn eure Landtage — den unerzognen Mündel
laßt ihm! Wenn er einst Mann seyn, eure Liebe
erwiedern, für euch sorgen können wird, dann
begehrt ihn, und er wird euch werden! —

Sternberg. Habt ihr vollendet?

Aeneas. Gleich! Ihr habt gedroht — und
nicht allein gedroht, denn ein Theil der euren
hat es ja schon ins Werk gesetzt — ihr würdet
einen andern König wählen, wenn man diesen
nicht in eure Hände gäbe? — Freunde —
Männer! das gestattet euer Eid, eure sonst un=
wandelbare T...nicht! auch die Wohlthaten,
womit Ladislaus Vorfahren euch überhäuft ha=
ben, gestatten es nicht, und die wehrlose Un=
schuld dieses Knaben hat das nicht verdient.

Rabenstein. Nein! keinen andern. Ladis=
laus soll unser König seyn.

Die Böhmen. Ladislaus ist unser König.

Aeneas. Und wen könntet ihr auch würdi=
ger wählen? Nimmermehr wird Friedrich seinem
Blute abstehen, noch die Rechte seines Hauses
versäumen. Rechnet hiezu die eigne Macht eu=
res künftigen Herrn, seine Verwandschaft, sei=
ne Vasallen! Ich sage euch, dieser unmündige
Prinz kann von Niemand verletzt werden, ohne
daß

daß ganz Deutschland die Kränkung fühlt und
ahndet! Dieses alles, meine Freunde, befiehlt
Friedrich, euch, zu überlegen. Friedrich —
der in der Vormundschaft über seinen Vetter
Sigismund schon bewiesen hat, wie er seine
Pflichten übt! Thut es mit Ernst und Redlich-
keit, ohne Ueberredung — darum verlasse ich
die Versammlung, bis ihr mich wieder herbe-
scheiden laßt. — Noch eine Frage lese ich auf
euren Gesichtern — wenn nun der Jüngling zu
männlichen Jahren gelangt ist, welchem Königreiche Friedrich diesen Prinzen übergeben werde?
— Dem — welches in der Treue am beharr-
lichsten gewesen ist! Edler Wettstreit! Der
Preis? euer eignes Glück? wollt ihr darum
auslaufen — oder nach Jahrhunderten als Ab-
trünnige — Flecken der Geschlechter, auf den
Stammtafeln eurer Ahnen, da stehen? überlegt — wählet! (die Wachen öffnen sich, er geht.
Tiefe Pause. Keiner bewegt sich von der Stelle, bis)

Villacky. (losbricht) Ihr gebt nach?

Rabenstein. Graf von Villacky, hört mich.

Villacky. Nein! üppige Rednerei hat euch
überwältigt. Ihr alle vergeßt eures Auftrages
und schwelgt in welchen Gefühlen. Meine Ue-
berzeugung steht noch ganz, mein Auftrag ist
unverletzt. Lebt wohl — kommt! (geht)

Alle Ungarn. (in Bewegung) Unsern König,
oder Krieg!

Sternberg. Bleibt!

Rabenstein. Hört uns!

E 2   Vil-

Villacky. Wollt ihr beharren?

Rabenstein. Ist dann —

Villacky. Ja oder nein?

Rabenstein. Beharren! beharren in Eid und Treue des Unterthanen, in Liebe für das wahre Heil meines Königs und meines Vaterlandes!

Villacky. Was hier Pflicht ist —

Sternberg. Hat längst der Eid entschieden, der unserm Monarchen huldigte.

Villacky. Entscheide einst Ladislaus, wenn wir ihn vorerst gerettet haben. Dem Redner? sollen unsre Säbel in Schlachtordnung antworten! Von hier weg — kommt!

(mit den Ungarn ab)

Siebenter Auftritt.

Rabenstein. Sternberg. Die Böhmen. Potendorf.

Rabenstein. Freunde! wer über einen Eid flügelt — geht an der Gränze von Seligkeit und Verdammniß! Ist Friedrich ein zweydeutiger Fürst?

Sternberg. Nein!

Rabenstein. Standhaft ist er, warum wollten wir ihm diese Tugend schwer machen? und unser Vaterland dabei zu Grunde richten? (Pause) Würden nicht die Ungarn von uns fordern, uns drohen, wie jetzt Friedrich? (Pause) Wer dieß
alles

alles übernimmt und abwendet, verdient er un=
sre Drohungen oder unsern Dank?

Sternberg. Dank! — aber unsre Regie=
rung muß Friedrich indeß übernehmen.

Rabenstein. Das wird er.

Sternberg. Und edle Böhmen müssen hier
um Ladislaus bleiben, aus Treue, aus Sorge,
aus Liebe!

Rabenstein. Wir sind einig. (zum Marschall)
Wo ist Aeneas? (Marschall winkt Potendorf, der ab=
geht ihn zu holen) Ich danke euch, meine Freunde!
Ach wäre nur Ptarsco noch gewonnen, und sein
mächtiger Anhang! Helft nun jeder das Werk
vollenden.

Achter Auftritt.

Aeneas. Potendorf. Vorige.

(Die Wachen öffnen sich.)

Aeneas. Ungarn hat seinen König verlassen?
was soll ich von euch hören?

Rabenstein. Dank! für Friedrichs Sorg=
falt.

Sternberg. Bitte, daß er unsrer Regierung
sich annehme. Dank für seinen Rath, wir
nehmen seinen Willen an. Nur sei uns ver=
gönnt, die ruhmwürdigste Jugend des böhmi=
schen Adels hieher zu senden, daß sie unserm
Könige diene. Ruhig wollen wir seinen Wachs=

E 5   thum

thum unter Friedrichs Augen abwarten — die
ersten Gebete der Böhmen, an jedem Tage —
seien für Friedrich und Ladislaus! Böhmen!
habe ich das aus eurer Seele geredet?

Alle. Ja, ja!

Aeneas. Ich danke euch! ich wünsche euch
Glück! ich wünsche meinem Fürsten Glück!
kommt in sein Gemach, daß wir ihm diese Freude nicht verschieben. — Gute Fürsten säen für
die Zukunft, glücklich genug, wenn es nur auf-
geht — wo ihnen aber eine Erndte werden
kann? Weh über den, der sie verschiebt. (er geht
zwischen Rabenstein und Sternberg. Die Andern folgen. Potendorf ist der letzte, da er hineingehen will,
kommt)

Neunter Auftritt.

Ptarsco. Potendorf.

Ptarsco. Ha — zu spät!

Potendorf. Seid ihr nun erst hier?

Ptarsco. Eben so gut kamen jene zu früh!

Potendorf. Der König von Böhmen ist be-
stätigt.

Ptarsco. Auch von mir?

Potendorf. Ihr werdet —

Ptarsco. Ha! das ist nicht so in einem
Othem ausgesprochen, was ich werde! Bleibt,
ich bitte euch — ihr sollt sehen, wie aller Men-
schen-Werth und Fürsten-Größe — von dem
fein-

kleinen glänzenden Zirkel einer Krone — zu nichts wird.

Potendorf. Ihr seyd eurer Sache sehr gewiß!

Ptarsco. Das ist man allemal, wenn man Kronen anzutragen hat!

Zehnter Auftritt.

Vorige; Erzherzog. Dann Aeneas.

Erzherzog. Seyd ihr Heinrich Ptarsco?

Ptarsco. (verbeugt sich) Ich bins!

Erzherzog. (zu Potendorf) Ruft mir Aeneas — (dieser ab) Ihr steht an der Spitze derer —

Ptarsco. Die das Heil ihres Vaterlandes suchen!

Erzherzog. Im Meineid?

Ptarsko. Gnädigster Herr, ihr zielt da auf die Wahl Albrechts von Baiern — (Aeneas kommt mit Potendorf.)

Erzherzog. Albrecht von Baiern schlägt euch aus.

Ptarsco. Wie?

Erzherzog. (giebt Aeneas ein Schreiben) Durch einen Eilboten, mein Kanzler folgt. — Das durftet ihr von einem Herzog in Baiern wohl erwarten. „Ich will, sagt der wackere Fürst, nicht die Sünde auf mein Gewissen laden, eine Waise zu berauben! — " Dieser Ausspruch

E 4   macht

macht ihn zum König. (hart) Was wollt ihr nun noch?

Ptarsco. Gnädigster Herr! mit Unrecht zürnt ihr auf mich. — Regenten haben diesen Titel von Regieren. Wer aber selbst noch regiert seyn muß, wie kann der andre regieren?

Erzherzog. Ptarsco! diese Spitzfindigkeit würde mich unwillig machen, käme ich nicht eben von dem Todbett deiner Königinn, an welcher du meineidig seyn willst. Nun macht sie mich wehmüthig.

Ptarsco. Jetzt bedürfen wir eines Mannes, der uns schützt, darum weiche Ladislaus einem andern. Einst nach vierundzwanzig Jahren —

Erzherzog. Wenn ihr diese eure Königinn gesehen hättet, die aus Gram über treulose Unterthanen unter der Last ihrer Kronen zusammen sinkt — Ptarsco — ihr würdet wanken!

Ptarsco. Blos meines Vaterlandes Heil —

Erzherzog. Vaterlands-Heil — in Vaterlands-Verwirrung? Alle gegen einen? Gegen Einen, der alle liebt, und für alle sorgt — ein Königreich gegen einen König? Es ist etwas so unrühmliches und unmännliches darinn.

Ptarsco. Gnädigster Herr! —

Erzherzog. Es ist so undankbar! Kaiser Albert hätte sich ja auch pflegen können, er hätte unter dem Schatten seines Thronhimmels liegen und aus köstlichen Geschirren mit euch auf Vaterlands-Heil und Feindes-Untergang trin-

trinken — und wenn die Gränzen verheert,
eure Namen verkleinert, euer Vermögen von
seinen Vögten aufgezehrt wäre — Saitenspiel
und trefliche Gesänge über eure Klagen hinaus-
schallen und im Gold, Schmeichelei und Purpur
daheim sich's wohl seyn laffen können. Er aber
gieng selbst, hörte euch selbst, litt mit seinem
Heere, was sein Heer litt. — bot seine Brust
dem Feinde dar, sein gesalbtes Haupt dem tür-
kischen Säbel und der Sonnenhitze, die ihn ver-
zehrte — Kaiser Albert hat für euch gethan,
bis er nicht mehr thun konnte! Wie lohnt ihr
das seinem Erben? Euer Wille ist Verwirrung,
und jeder trachtet nach einem Wege, worauf
er verborgen seine Hand an die Kronen des Ladislaus legen kann!

Prarsco. Gnädigster Herr — ich bin nicht
eigennützig, hört meinen guten Willen mit gutem Muthe an.

Erzherzog. Redet!

Prarsco. Einst gebt Ladislaus die Krone.
Er erbe sie. Indeß — seid Ihr unser König.
(Erzherzog geht ans Fenster. Pause) Gedenkt meiner — (zu Aeneas) er überlegt? er ist mein.
(zum Erzherzog hinauf) Mein Anhang ist sehr groß,
gnädigster Herr — ich stehe mit meinem Kopfe
dafür, daß ganz Böhmen die Krone euch antra-
gen soll! (Pause)

Erzherzog. (geht ernst zu ihm, und betrachtet
ihn. Zu Aeneas) Liefert denn wirklich die Geschichte soviel mehr Beispiele habsüchtiger Fürsten,

          E 5   als

als treuloſer Unterthonen? — Sagt ja — daß
ich dieſen Menſchen beſchönigen kann!

Ptarsko. Mein Fürſt, wollt ihr —

Erzherzog. Nein — nein, ſage ich! Ich
will dein König nicht ſeyn!

Ptarsco. Es iſt aber ein Vertrag da, ver-
möge deſſen dem älteſten Fürſten aus dem Hau-
ſe Oeſterreich —

Erzherzog. Er iſt da! — Aber ich bin
des Knaben Vormund — jenes Recht iſt im
Archiv — dies iſt hier bewahrt. (aufs Herz zeigend)

Ptarsco. Vergönnt mir —

Erzherzog. Nichts! (mit Begeiſterung) Ihr
ſollt wiſſen, daß ich Recht und gut Gerücht allen
Reichthümern und Gütern der Erde vorziehe!

Aeneas. (küßt ſeine Hand) Hausſchmuck!

Ptarsco. (verwirrt) So — ſo verwaltet
Böhmen indeß in eures Königlichen Mündels
Namen!

Aeneas. Darum bitten auch die Stände;
ſind auch willig den Prinzen indeß hier zu laſſen.

Erzherzog. (nach einigem Beſinnen) Ich kann
eure Regierung nicht verwalten.

Aeneas. Potendorf. Gnädigſter Herr!

Erzherzog. Nein! Ihr bedürft einen Regenten, der eure Sitten, eure Gebräuche kennt.
Wählt aus eurem Mittel. Wählt und handelt
ſo, wie ihr es vor Gott und dem Könige zu
verantworten gedenkt!

Ptarsco. Nicht einmal das!

Erz-

Erzherzog. Was ich allenfalls wünschte, ihr ließet mich diese Regenten vorschlagen. Männer, die des Kindes Wohl vor Augen haben. Dazu wähle ich — Mainhard von Neuhaus, und — euch Ptarsco!

Ptarsco. Ich? ich!

Erzherzog. Ihr habt Seele und Muth! laßt sie dem Vaterlande nützlich seyn, statt daß ihr beides gegen euren König braucht.

Ptarsco. (in sich) Dies Vertrauen — diese — (heftig erschüttert stürzt er auf beide Knie) Fürst, ihr seyd ein großer Mensch — vergebt mir! (man hört im Schloß eine Glocke einmal — etliche male — und wieder einmal anschlagen)

Potendorf. (ernst und feierlich) Was war das?

Erzherzog. (sieht gen Himmel) Wohl dir — du leidest nicht mehr! (Ptarsco will aufstehen) Bleibt — betet — daß sie euch vergebe! (die Glocke schlägt zweimal.)

Eilfter Auftritt.

Vorige. Am Eingang erscheint Tachensteiner mit trauriger Gebärde.

Erzherzog. Ist die Königinn — (Tachensteiner hebt seine gefalteten Hände an die Brust. Erzherzog winkt ihm zu gehen, er selbst tritt einen Augenblick ans Fenster. Ptarsco kniet, die Hände gefalten, hängen in den Schoos herab, der Blick ist an den

Vo=

Boden. Aeneas weint. (Potendorf sieht nach dem Erzherzog. Pause. Erzherzog kehrt zurück mit Rührung) Die Königinn von Ungarn und Böhmen ist todt! — Sie ist nun erschienen, wo Leiden gelohnt werden! Dort betet sie um Stärke für mich, um Vergebung für die Aufrührer. Sey ein Mann, Ptarsco — (hebt ihn auf) mache mehr gut, als du verdorben hast. (nimmt einen Ring vom Finger) Dann — laß dieses Andenken dich mahnen an die vater = und mutterlose = Waise Ladisla — auch an deinen gnädigen Herrn in Oesterreich — gehab dich wohl. (wendet sich ab)

Ptarsco. (drückt seine Hand an das Herz) O — o!

Erzherzog. (schüttelt sie) Handle! (Ptarsco geht mit allen Zeichen des heftigsten Gefühls und der innigsten Beschämung)

Zwölfter Auftritt.

Vorige. Baumkircher, der noch am Eingange stehen bleibt.

Aeneas. Gnädigster Herr, solche Thaten bereiten unvergängliche Kronen.

Potendorf. Eure Hoheit hätten volles Recht gehabt, sehr hart mit ihm zu verfahren. Immer ist er doch ein Aufrührer.

Erzherzog. Unbarmherzige Regenten müssen den Tod am meisten scheuen, denn wie sie gerichtet haben, werden sie gerichtet. (will gehen, erblickt

blickt Baumkircher und bleibt.) Seyd ihr es — was ist? (Baumkircher zuckt die Achseln) Ueble Nachrichten? nur zu! wie manche hat nicht Elisabeth erduldet, und nun — was ists am Ende? rede!

Baumkircher. Nicolaus von Villacky — ist mit allen Ungarn unter Drohungen von Gewalt und Waffen, Brand und Mord im verhängten Zügel davon gejagt!

Erzherzog. Diese Menschen dienen der Herrschsucht des Hunniades, und wissen es nicht.

Baumkircher. Das Bündniß der Feinde ist zu Stande. Es ist Nachricht eingelaufen, daß in Oesterreich alle Diener, die eure Hoheit in des jungen Herrleins Namen dort gesetzt, verjagt sind!

Erzherzog. Die armen Leute!

Aeneas. Der Böhmen können dabei nur wenig Mißvergnügte seyn, der Nation ist eure Hoheit sicher!

Erzherzog. Der von Starenberg ist doch schon an den Gränzen gerüstet?

Baumkircher. Allerdings! auch sieht man die Feinde schon in kleinen Schaaren bis gegen unsre Gränzen ziehen.

Erzherzog. Schon? so gilts es dann! Neustadt ist fest; von hier wegzugehen ist bey der geringen Mannschaft nicht rathsam. Seyd guten Muths!

Baumkircher. Kommt zum Treffen — so gelobe ich bessre Botschaft! (ab)

Erz

Erzherzog. Mein Leben mögte ich mit Ihnen theilen — und sie fordern mein Schwert heraus! — In Gottesnamen.

Dreizehnter Auftritt.

Ladoni, Tachensteiner, Eleonore, zwischen ihren und der Königinn Frauen. Zech. Vorige.

Eleonore. Friedrich! (lehnt sich auf seine Schulter) Die Mutter des guten Knaben ist dahin. Ich will ihm Mutter seyn.

Erzherzog. Theure Gemahlinn!

Eleonore. Ich will über ihn wachen, ihn verpflegen. Er soll seine Mutter nicht vermissen.

Erzherzog. Die Zeit ist kurz — ans Werk. (zu Aeneas) Ruft die Böhmen hieher. (Aeneas geht) Schonet eurer Gesundheit, ich bitte euch!

Eleonore. Ich habe Kraft und Muth. „Selb ihm Mutter, Mutter meinem verlaßnen Kinde, sprach die vollendete Elisabeth!" Noch einmal drückte sie meine Hand — es war ihr lezter Wille! Ihr Auge verloch — sie sank — und war hinüber! Ihre Hand war noch fest in der meinen — eine Thräne fiel darauf hinab, dann gieng ich, muthig für meine Pflicht, zu Ladislaus. O Friedrich, wo ihr fechten wollt, muß auch eure Gemahlinn mehr vermögen, als weinen!

Vier-

Vierzehnter Auftritt.

Vorige, Aeneas, Rabenstein, Stern= berg. Die böhmischen Räthe.

Erzherzog. Ihr seyd ehrliche Männer, da= für habt meinen Dank — kurz und gut. Mei= ner Zeit ist wenig. Ellsabeth eure Königinn ist nicht mehr. (Alle weichen wehmüthig zurück) Ich führe euch hin, daß ihr euren König seht. Hier ist — die ihm Mutter seyn will! Ihr sollt in Böhmen sagen, daß ihr dieses Kind an dem Her= zen meiner Gemahlinn habt ruhen sehen! Dann macht euch auf und zieht mit Gott! hier bey uns wird es warm werden.

Rabenstein. Theuerster Fürst —

Eleonore. Wenn ich, eine Fremde, mein Herz bey dem Anblick dieses Knaben zerrissen fühle, was müßt ihr nicht empfinden, deren gebohrner König er ist — ihr alle, deren Eid und Huldigung er hat!

Erzherzog. Ja es ist Niemand so wild, so rauh, so hart und grausam, der nicht be= wegt wird, wenn er einen unglücklichen König sieht. Dieser aber, der hier leidet, kann ja nur lallen. Er kennt seine Leiden nicht, und kann sie euch seines zarten Alters halber nicht sagen. Wo er bitterlich weinen sollte, bricht er in kind= liches Lächeln aus. Er hat keinen Vater mehr — wir wollen seine Mutter begraben — er weiß es nicht. Mann will ihm seine Reiche neh=

nehmen, ich schließe ihn in meine Arme —
und vier Völker führen ihre Heere und ihr Geschütz
gegen mich und ihn — er wird lächeln, und seine
Händgen werden um meinen Nacken spielen!
Blicht das euer Herz nicht — so geht, verlaßt
ihn und mich — Gott wird Hülfe senden!
komm! (geht Arm in Arm mit Eleonore ab)

Alle. (im Nachgehen) Blut und Leben für
ihn!

Ende des dritten Aufzugs.

Vierter Aufzug.

(Des Erzherzogs Vorgemach)

Erster Auftritt.

Vor der Mittelthüre zwey Wachen. Aeneas
und Kaspar Schlick kommen heraus.

Aeneas.

Laßt mich — sie haben es beschlossen. Die
Stimme des Friedens wird nicht mehr gehört in
diesem Rath.

Kanz.

Kanzler. Haltet ihr mich für minder gewissenhaft? —

Aeneas. Für minder überzeugt.

Kanzler. Und ist es nicht zu spät zum Frieden?

Aeneas. Nicht zu spät, wenn den Ungestümen der Prinz herausgegeben wird.

Kanzler. Sollte man ihn denn herausgeben?

Aeneas. Wenn man es ohnehin doch müssen wird? Hat nicht Hunniades mit seinen Ungarn von der einen Seite die Stadt so gut als schon eingeschlossen? Alle Anstalt der Belagerung ist da. Das Geschütz ist aufgeführt, und jetzt, indem ich mit euch rede —

Zweyter Auftritt.

Vorige. Eleonore.

Eleonore. Die Feinde nahen unsern Mauern, was ist beschlossen?

Kanzler. Unsre Anstalten der muthigsten Gegenwehr sind gemacht.

Aeneas. Der Rath ist noch nicht geendigt.

Eleonore. Und ihr seyd hier?

Aeneas. Die Stimme des Friedens lautet unwillkommen im ersten Feldgeschrey!

F   Drit=

Dritter Auftritt.

Vorige. Erzherzog.

Erzherzog. (bleibt in der Thüre) Es ist be=
schlossen!

Eleonore. Aeneas: Krieg?

Erzherzog. Ich gebe den Prinzen nicht.

Eleonore. Also Krieg?

Erzherzog. Krieg!

Aeneas. Gnädigster Herr —

Erzherzog. „Der Friedfertige!" werde ich
genannt —

Aeneas. Und die Felder eurer Unterthanen tra=
gen reich, dieses Namens halber. Wolltet ihr den
Seegen —

Erzherzog. Gott empfehlen! An der inner=
sten Gränze von Friedfertigkeit stehe ich — noch ein
Schritt zurück — und es wird Muthlosigkeit —
Zu den Waffen!

Vierter Auftritt.

Vorige. Potendorf.

Potendorf. Gnädigster Herr — eine sehr
stattliche Gesandschaft aus den Rheinländern an
euch gesandt —

Erzherzog. Wir müssen fechten, und nicht
reden — sind sie draussen — so laß ihr Haupt ein=
tre=

treten. (Potendorf geht. Zu Aeneas) Was mögen sie an uns haben?

Aeneas. Darüber habe ich eine Vermuthung, die Gott dem Hause eurer Hoheit zum Seegen gedeihen laffen wolle.

Fünfter Auftritt.

Vorige. Reinhard Graf zu Hanau, **Emich** Graf zu Leiningen.

Erzherzog. Seyd uns willkommen! wer seyd ihr?

Reinhard. Reinhard zu Hanau!

Emich. Emich zu Leiningen!

Erzherzog. Was bringt euch her?

Reinhard. Die Wohlfahrt des heiligen römischen Reichs, deutscher Nation!

Emich. Das auf eure Hoheit sieht, von euch hoft!

Reinhard. Die Versammlung der Churfürsten hat in Frankfurth eure Hoheit zum römischen König gewählt.

Erzherzog. Mich?

Emich. (übergiebt ein Schreiben) Ja, gnädigster Herr — durch dieß Schreiben macht sie euch kund, sie habe den Würdigsten gewählt. Da man euren Namen ausrief, im hohen Dohm, schrie das ganze Volk ein so freudiges Vivat, daß es weit über den Main erscholl, und da ist

wohl

wohl keine gute Seele in Deutschland, die nicht
Freude ob dieser Kaiserwahl gehabt hätte.

Reinhard. Diese Wahl haben wir als Zeugen
auf dem Römer unterschrieben.

Emich. Wir, die von Isenburg, und die
von Wertheim. Eure Hoheit vergönne uns, die
fröhliche Bothschaft eurer Annahme dahin zurückzu-
bringen.

Erzherzog. (liest leise, giebt dann das Schreiben Aeneas) Es ist etwas so Grosses — Herr-
scher der Deutschen zu seyn! Wen dieses Volk
dazu erwählt, der hat auf alle Jahrhunderte
hinaus, die Urkunde der Unsterblichkeit. Ich
fühle es — bey dem Gedanken an das Vertrauen, welches mein Vaterland in mich sezt,
hebt sich mein Herz! — Gönnt mir einigen Ver-
zug!

Reinhard und Emich. Gnädigster Herr!

Erzherzog. Es liegt viel auf mir. Ungarn
und Böhmen fordern mein Auge, und meinen Arm.
Alle Provinzen des ganzen Hauses Oesterreich, habe ich für mich selbst, oder für meine Mündel Sigismund und Ladislaus, zu regieren. Der eine
bedarf mein Schwert. Die Feinde sind vor den
Thoren — Verwüstung um mich her — also verzieht. Laßt mich nachdenken — prüfen — und
dann bringt ihr meinen Entschluß — immer aber
meinen Herzens-Dank den Fürsten nach Frankfurth.
Indeß — gehabt euch wohl.

Reinhard. Wir gehen nicht ohne euer Wort
von hinnen.

Emich.

Emich. Derweilen gebraucht unsern Arm. Es ist der nämliche, den eure Vorfahren stets gern im Gefechte gesehen haben. (geben)

Sechster Auftritt.

Vorige ohne die Grafen.

Aeneas. Meinen Glückwunsch, gnädigster Herr!

Kanzler. Aus treuem Herzen!

Eleonore. (umarmt ihn) Bringt dieß nicht Frieden?

Erzherzog. Soll das Reich Glauben haben, in den Mann, der sein eignes Blut verläßt?

Aeneas. Könnt ihr in solche Händel verwickelt dem Reiche vorstehen?

Erzherzog. So führe ich meine Händel, und stehe nicht dem Reiche vor.

Aeneas. Höret mich noch einmal, gnädigster Herr! Diesen Feinden — die um des Prinzen willen euer Reich verheeren, würde ich sagen. „Ich habe euren König wie einen Blutsfreund aufgenommen, und will ihn ferner so erziehen. Scheint es euch so hohe Zeit, daß dieß aufhöre — so will ich es nicht länger bestreiten. Aber, weil doch der Knabe eines Führers bedarf; so laßt uns eine Zusammenkunft seiner Unterthanen festsetzen, und derjenigen, die ihm durch Verwandschaft am nächsten sind! Wenn nun auf diesem Tag alle dahin stimmen

solltet, daß ihr den Prinzen herausgeben müßtet —
so solltet ihr dem wilden Strome euch nicht entge=
gen halten. Auf diese Art —

Erzherzog. Würde ich zwar den Krieg ver=
meiden, aber nicht meine Schande!

Aeneas. Wer würde eure Hoheit darum ta=
deln, wenn ihr —

Erzherzog. Jezt — wenige. Aber das Lob=
preisen des Haufens, mit dem wir leben — ist
nicht Ehre! Die unbestechliche Nachwelt wägt das
Verdienst — und was sie ihm zutheilt wird in die
Jahrbücher der Ewigkeit eingetragen! Das ist dann
Heiligthum der Fürstenehre — und danach laßt
Oesterreich trachten!

Siebenter Auftritt.

Baumkircher. Vorige.

Baumkircher. Gnädigster Herr — unsre
Mannschaft ist nach eurem Befehl vertheilt — Die
Feinde sind uns ins Angesicht gerückt!

Achter Auftritt.

Vorige. Sigismund.

Sigismund. Eben hat der Trompeter die
Stadt aufgefordert, und den Prinzen begehrt.

Erzherzog. (zu Baumkircher) Er soll seines
Weges ziehen — dann laßt gleich aus dem gro=
ben

ben Geschütz unsre Antwort neben ihm her senden, daß in ihrem Donner der Ungar meinen Willen ver= nehme.

Baumkircher. Sogleich. Seht dort hinaus, eine halbe Stunde von hier haben sie ein Schloß an= gesteckt. (Alle sehen hin)

Erzherzog. Alle Reiterei soll am Thore sich sammeln. (Baumkircher ab) Seht — seht hin — diese Säule von Rauch und Feuer — wie dräuend sie mir da gegenüber steht! — Das ist Gottes Finger — dort soll ich fechten — fort in die Feinde! (geht. Sigismund ergreift seine Hand, und folgt)

Eleonore. Friedrich — Friedrich!

Erzherzog. Mein Weib! (umarmen sich)

Sigismund. Glaubt mir — ich weiche nicht von seiner Seite!

Erzherzog. (ohne Eleonore zu lassen) Ihr wollt mich begleiten?

Sigismund. So denkt ihr an einem Unwür= digen Vaterstelle vertreten zu haben?

Erzherzog. Nein, Sigismund! Aber der Vater —

Sigismund. Führt den Sohn die Bahn der Ehre!

Erzherzog. Vetter!

Sigismund. Mein Blut — meine Abkunft, mein Herz zu euch, führt mich hin! Nehmt mir wieder das Schwert, wenn ich es nicht brauchen darf!

F 4 **Erz=**

Erzherzog. Ihr geht mit mir!

Sigismund. Vor euch!

Erzherzog. Leb wohl, Eleonore.

Eleonore. Ich weine nicht. Ich bete um Seegen für euer Schwert — Oesterreichs Engel geht vor euch her — treuer Liebe Gebet geleite euch. Streitet dann zum Frommen eurer Sache, und zur Herrlichkeit eures Namens, den ich mehr liebe als mich selbst. Geht!

Erzherzog. Es werde der Ort mein Gottes= acker, eh als ich ihn verlasse, oder übergebe! Gott lebt noch, er wird der gerechten Sache beistehen, und mich wider den Frevel solcher Unterthanen als ein Rächer beschirmen; und handhaben. Euch — lasse ich unter Gottes Auge, im Schutz der Freund= schaft! Kommt, Vetter!

(gehen ab)

Eleonore. (ohne ihm nachzusehen, wirft sich auf die Knie, ihr Blick ruht auf den gefalteten Händen, dann erhebt sie sich, sieht Aeneas mit hoher Würde an, und sagt mit Begeisterung) Seyd ruhig — ich weiß —. wir sehen ihn wieder — es ist gewiß — sein Arm entscheidet — dann sendet ihn Gott uns wieder!

(geht)

Neun=

Neunter Auftritt.

Potendorf winkt **Aeneas**, der eben folgen
will.

Potendorf. Herr, es ist schrecklich!

Aeneas. Was?

Potendorf. Daß man es so weit hat kom=
men laſſen. Die Feinde füllen die Luft mit einem
wilden Geſchrei! Ihre dichten Haufen rücken gegen
unſre Mauern. Man hört das Wiehern ihrer
Pferde, ihre Trompeten ſchmettern durch einander,
Lanzen und Säbel blinken in der Sonne — ihr
Zug höhnt uns, als wären wir ſchon ihre Uiber=
wundenen!

Aeneas. Der Herzog —

Potendorf. Schwang ſich eben aufs Pferd!
(geht ans Fenſter) Seht — dort ſprengt er die
Gaſſe hinab — Sigismund vor ihm her — theilt
wie ein Blitz das Volk auseinander. In bangen
Ahndungen ſchlieſſen ſie dicht hinter ihm; in einer
Grabesſtille ſtrömt der Haufen ihm nach an die
Thore. Nur ſein wallender Federbuſch verkündet
Leben unter dieſen Tauſenden!

F 5   Zehn=

Zehnter Auftritt.

Vorige. Tachensteiner.

Tachensteiner. Der Trompeter ist zurückge=
schickt, ein edler Ungar ist noch hier, der Erzherzog
befiehlt euch mit ihm zu reden.

Aeneas. Wohl. (Tachensteiner geht)

Potendorf. Vieleicht Frieden —

Aeneas. Unmöglich! Die Gemüther sind noch
zu sehr erhitzt.   Kein Theil wird weichen wollen.

Eilfter Auftritt.

Vorige. Villacky.

Aeneas. Tapfrer Villacky —

Villacky. In der That — meine Hand ist
den Säbel gewöhnt! Aber ich liebe euren Für=
sten — gebt uns unser Recht — so bringe ich Frie=
den!

Aeneas. Ihr liebt unsern Fürsten —

Villacky. Ja. Noch mehr aber das Recht,
darum wir fechten. Gebt uns den Prinz.

Aeneas. Hört mich —

Villacky. Seid kurz. Ist in einer Viertel=
stunde nichts geschlossen — so wird Sturm gebla=
sen. Dann mögen unsre Karthaunen erschüttern,
wo unsre Worte nicht bewegen konnten.

Zwölf=

Zwölfter Auftritt.

Vorige. Zech.

Zech. Wer ist der Unterthan, der mit dem Schwerte in der Hand seinen König fordert?

Villacky. Ich! Und Johann Hunniades! — Wer ist der, der lieber hier schwelgen, und in weicher Ruhe leben, als neben dem Panier des Vaterlandes, für seinen König streiten will?

Zech. Wer den unmündigen Monarchen schützt, kann eure Pflicht fordern!

Aeneas. Auf dieß Wort da — laßt uns Frieden stiften!

Villacky. So wird kein Frieden unter uns.

Aeneas. Sagte der Erzherzog nichts, da er euch an mich wies? gab er euch keinen Auftrag?

Villacky. Ihr wußtet seinen Willen.

Aeneas. Sonst nichts? sagte er sonst nichts?

Villacky. Nichts! (Pause)

Aeneas. So werdet dann billiger — oder laßt Sturm blasen; und Gott entscheide!

Villacky. Wir sind fertig?

Aeneas. Ich fürchte es!

Villacky Nun dann — (geht) über euch die Verantwortung!

Zech. Villacky!

Villacky. (zu Aeneas) Mann — so wie ich aus euren Thoren weiche — — — fallen Tausende!

Aeneas.

Aeneas. Deren Seelen euch vor Gott anklagen.

Villacky. Euren Starrsinn richte Gott! Wir begehren unsern König —

Aeneas. Einen Knaben —

Villacky. Ihn zu krönen —

Aeneas. Er ist gekrönt!

Villacky. Ihm zu huldigen.

Aeneas. Ihm ist gehuldigt.

Zech. Von Meineidigen —

Villacky. Ha —

Zech. Von Meineidigen! Könnt ihrs vergessen, wie der Kardinal von Gran, mein Oheim — zu Stulweißenburg in der Stefanskirche, auf der Mutter Schooße, die heilige Krone auf sein Haupt setzte? da fielen die Thränen der Mutter auf den Gesalbten. Prälaten, Baronen und Ritter, gaben sich die Hände über seinem Haupte, und schwuren ihm! O Villacky, wenn eine Thräne der vollendeten Majestät auf deine Hand gefallen ist — so muß sie zum Zeichen werden, und die Hand des meineidigen Unterthanen wird verdorren!

Villacky. Die Zeit ist um — wollt ihr den König geben?

Zech. Villacky, ihr wollt herrschen. Für euren Vortheil streitet ihr, nicht für euren König.

Villacky. Noch einmal — Aeneas, der Todesengel schwebt um eure Mauern! gebt ihr den Prinzen? (Pause)

- **Aeneas.**

Aeneas. Der Prinz bleibt.

Villacky. In Gottesnamen dann; wir stür=
men. (geht)

Zech. Villacky — treuer ist kein Volk —
als die Ungarn. Heißer liebt kein Unterthan sei=
nen König, als der Ungar! Erhalte uns diesen
Ruf!

Villacky. Weil ich den Ruf erhalten will, so
laßt mich fort. (geht)

Zech. (zieht) Gilt es zu fechten — so sey's —
stirb hier für deinen König.

Villacky. (zieht) Rasender!

Aeneas. (in ihrer Mitte) Ich bitte euch!

Zech. Eine neue Krönung soll euern Meineid
bergen! Wenn ihr gerecht seid, wer sind denn wir,
die unerschütterlich in der Treue geblieben sind?
Unsre Güter sind von euch verheert —

Villacky. (will auf ihn ein) Elender!

Aeneas. Wache! (die zwei Wachen treten mit
gesenkten Spießen vor. Denen folgen noch andre)

Zech. Flüchtig aus unserm Vaterlande folgen
wir unserm Eide. Ihr nehmt Beute auf Beute,
von unsers Königs gutem Vormund, und den Sei=
nen —

Aeneas. Haltet — laßt die Freundschaft
fordern, wo Macht gebieten kann! wenn ich aus
eurer Mitte trete, seid ihr des Todes! haltet!
(die Wache steht mit gesenktem Spieße. Potendorf ha=
sein Schwert gezogen. Villacky und Zech sind im Be=
griff loszubrechen)

Drei=

Dreyzehnter Auftritt.

Vorige. Tachensteiner.

Tachensteiner. (zu Villacky) Ihr sollt euch entfernen.

Villacky. Warum?

Tachensteiner. So eben ist die erste Kugel in die Stadt geflogen. Sie hat einem Manne den Arm zerschmettert. Sie sind schon an einander.

Aeneas. (zu den Wachen) Zurück! (die Wachen treten einen Schritt zurück. Zu Villacky) Geht — kämpft! schon tritt der Allmächtige zu Gericht — von ihm kommt Sieg und Niederlage! Thut nach dem Gesetz, das in euch ist!

Villacky. (zu Zech) Sucht mich bei einem Ausfall — versprecht es!

Zech. Auf Wort!

Villacky. Wer von uns übrig bleibt — ist dann der Ehrenmann!

Zech. Für Friedrich mit Leben und Säbel!

(Ab.)

Villacky. Gegen Friedrich mit Leben und Säbel! (Ab)

Tachensteiner. Ich geleite euch hinab!

(Ab.)

Vier=

Vierzehnter Auftritt.

Aeneas. Potendorf. Kanzler.

Kanzler. Die Erscheinung des Erzherzogs — hat alles mit Sorge für ihn erfüllt — bis er am Thore das Schwert zog — da blitzte Muth aus allen Augen, man drängte sich um ihn, und mit ihm hinaus. Was noch in der Stadt ist, rennt auf die Mauern, dem Kampfe zuzusehen — oder läuft zu den Waffen, Bürger, Greise und Jünglinge — Die Priester ermahnen sie, für ihren Fürsten zu fechten; und da ist Niemand, welcher der Übermacht achtete!

Aeneas. In diesem Augenblicke lohnt sich Regenten = Tugend!

Kanzler. Kreuze und Lanzen, Schilder und Fahnen, Priester und Lanzen = Knechte — alles rennt durch und gegen einander! Der Erzherzog ist gleich mit dem Kern der Mannschaft gegen sie gerannt!

Aeneas. Gott sei mit seinem Arm in dieser schweren Stunde!

Fünfzehnter Auftritt.

Vorige. Ladoni.

Ladoni. Freude — Triumph — dankt Gott!

Aeneas.

Aeneas. Kanzler. Wir siegen?

Ladoni. Mit Gottes Hülfe! Vom Thore jagte ich hieher. Wie rasend drangen sie ein auf das Thor, eben da man zum Ausfall die Brücken niederließ, und das Schußgatter aufzog! — „Auf, rief der Erzherzog, für Recht und gut Gewissen — Brüder folgt — Gott ist mit uns!"

Aeneas. Er siegt!

Kanzler. Er muß siegen!

Ladoni. Er sprengte unter sie, alles ihm nach! Da konnte kein Pfeil und keine Lanze nützen. Sie trieben gleich Roß auf Roß — jeder Mann griff seinen Mann; sie fechten — ringen — jeden Schritt vor oder rückwärts, verkündigt ein Siegesgeschrei, das von der Veste in die Wälder wiederbrüllt! — (zu Potendorf) Geht, sagt es der Erzherzoginn, (Potendorf ab) daß Gott den Sieg verleiht!

Sechszehnter Auftritt.

Aeneas. Kanzler. Ladoni.

Aeneas. Freude — laßt uns Gott danken für diesen Sieg ——— seine Gewaltigen schirmen gute Fürsten!

Kanzler. (umarmt ihn) Und Recht muß doch Recht bleiben!

Ladoni. Indeß — damit wir nichts durch Uebermuth verlieren, will ich die Mannſchaft an den andern Thoren verdoppeln.

Aeneas. Die Feinde könnten dort alle ihre Macht hinwenden —

Kanzler. Sie könnten ſich aus Liſt zurück- gezogen haben.

Ladoni. Seid darum auſſer Sorgen — ich ſprenge an alle Thore! (geht)

Aeneas. Es iſt eine Luſt für ihn zu ſtreiten.

Kanzler. Daß man hier den Streit nicht ſe- hen kann — wir würden die Noth noch näher theilen, und für das Glück früher danken!

Aeneas. Auf dem Thurme wäre es möglich.

Kanzler. Wir ſind denn doch hier nöthi- ger! — Seht nur das unruhige Gewühl die Gaſſe hinab! (ſie ſehen aus dem Fenſter) Sie müſ- ſen hart an einander ſeyn, weil ſie die Stadt noch nicht beſchleſſen!

Aeneas. Das iſt ein gutes Zeichen! — Wie? — da kommt ein Haufen Volks gegen das Schloß gerannt —

Kanzler. Sie ſtürzen wie geſagt hieher — Seht — ſeht doch —

Aeneas. Sie haben ihre Arme über den Kopf —

Kanzler. Sie winken uns — — ſie ſtre- cken ihre Arme nach uns her —

Aeneas. Seht — jetzt reitet Jemand mit verhängtem Zügel — mitten durch das Volk — das Pferd ſtürzt —

G   Kanz-

Kanzler. Er springt herab — — er läuft hieher — das Pferd ist todt — kommt — ihm entgegen! — (sie gehen)

Aeneas. Wartet — still — hört ihr nicht hastig die Treppe herablaufen?

Kanzler. Ja, Es kömmt —

Aeneas. Es kömmt hieher —

Kanzler. Laßt uns hören —

Siebenzehnter Auftritt.

Rabenstein. Vorige.

Rabenstein. Auf — auf! Wo noch Mannschaft ist, hinaus.

Aeneas. Kanzler. Die Feinde —

Rabenstein. Dringen auf einmal wieder vor — der Hinterhalt stürzt auf den schwachen Trupp! Der Erzherzog hatte eine schreckliche Niederlage angerichtet! aber sie setzten zu weit nach, und nun —

Achtzehnter Auftritt.

Tachensteiner. Vorige.

Tachensteiner. Der Thürmer ruft herab — die auf den Mauern schreien nach Hülfe in die Stadt! — Gräßlich und blutig soll der Kampf seyn!

Kanz-

Kanzler. Ihr haltet den Sieg für zweifelhaft?

Tachensteiner. Die Reiterei dringt scharf ein.

Aeneas. Hinaus, was fechten kann — bleibt hier, sorgt für die Erzherzoginn und den Prinz. (geht mit Ladoni ab)

Kanzler. Weichen sie?

Rabenstein. Sie werden müssen, die Uebermacht ist zu groß!

Neunzehnter Auftritt.

Sternberg. Vorige.

Sternberg. Sie sind umzingelt —

Alle. Gerechter Gott!

Sternberg. Mein Leben für den Erzherzog! Ich jage hinaus — laßt die Erzherzoginn sich flüchten und den Prinz.

Kanzler. Zu spät!

Tachensteiner. Kein Ausweg!

Sternberg. So verrammelt das Schloß — wir wollen fechten, so lange noch Blut zum Herzen steigt.

(fort)

Zwan=

Zwanzigster Auftritt.

Ein Ritter. Vorige.

Ritter. Ihr sollt das Schloß nicht geben und den Prinzen nicht, sagt der Herzog.; er sendet mich! Ich halte alles verloren.

Einundzwanzigster Auftritt.

Vorige. Neideck.

Neideck. Alles sammelt sich unter den Schloß-fenstern, die Leute winseln laut und schreien herauf, der Herzog ist gefangen oder todt!

Ritter, laßt die Nothglocke anziehen. (geht hinaus) Stürmt, stürmt!

Kanzler. Weiß es die Erzherzoginn?

Neideck. Ja — ach ja!

Tachensteiner. Ich lasse das Schloßthor verrammeln. (geht)

Neideck. Roß und Menschen stürzen auf ein-ander. Das Geheul der Verwundeten, das Verzweiflungsgeschrei der Fechtenden, soll gräß-lich seyn. Blutroth rauscht schon der Mühlen-bach durch die Stadt.

Zwei=

Zweiundzwanzigster Auftritt.

Vorige. Sinzendorf.

Sinzendorf. Gott steh uns bei! man sieht seinen Federbusch nicht mehr — sein Pferd ist unter ihm getödtet —

Kanzler. Gerechter Gott! laßt uns für die Erzherzoginn sorgen.

(geht mit Rabenstein)

Dreiundzwanzigster Auftritt.

Vorige. Potendorf. Wache.

Potendorf. Sie sind am innersten Thore, einige Feinde sind schon eingedrungen — wir wollen den Herzog retten und mit dem Knaben auf die Mauer.

Sinzendorf. Potendorf!

Neideck. Um Gotteswillen! (die Glocke geht)

Potendorf. Hört ihr die Nothglocke — es gilte ihrem König, wo sie unsern Herrn morden — bleibt!

Neideck. Laßt uns!

Sinzendorf. Um Gotteswillen! (sie knien)

Vierundzwanzigster Auftritt.

Vorige. Aeneas.

Aeneas. Was wollt Ihr?

Potendorf. Unser Herr lebendig oder der Prinz todt!

Aeneas. Männer — Menschen!

Fünfundzwanzigster Auftritt.

Eleonore. Kanzler. Rabenstein. Vorige.

Eleonore. Was wollt Ihr? Mann, wo ist der Knabe? Was wollt ihr mit ihm?

Potendorf. Den Herzog retten!

Die Wachen. Rettet, rettet den Herzog! fort!

Potendorf. Auf die Mauer mit dem Knaben!

Eleonore. In Ewigkeit nicht — gebt ihn, Mörder! Bin ich Wittwe, so weiß ich zu sterben. Aber so will ich meinen Gemahl nicht retten.

Potendorf. Das schreckliche Unglück —

Eleonore. Muß eine Königstochter, königlich tragen. Der Knabe liegt an meinem Herzen, da reißt ganz Ungarn ihn nicht weg! fort! (die Glocke und in der Entfernung Trommeln)

Alle.

Alle. (erschrecken und sagen leise) Ach — Gott — wer rettet ihn?

Eleonore. (laut und mit Begeisterung) Gott! für dessen Gebot der Liebe er kämpft! (sie geht)

Eine Stimme von aussen. Der Herzog — ach Gott — rettet den Herzog!

Sechsundzwanzigster Auftritt.

Vorige. Tachensteiner.

Tachensteiner. Verloren, verloren alles — rettet die Erzherzoginn in eins der unterirrdischen Gewölbe. Der Herzog ist gefangen.

Alle. Gott! Weh! Weh uns!

Tachensteiner. Wir sind geschlagen — (Glocke, Trommeln, Trommeten und Siegesgeschrei ausser dem Schloß.)

Siebenundzwanzigster Auftritt.

Vorige. Eleonore mit Ladislaus.

Tachensteiner. Sie stürmen das Schloß, rettet euch!

Eleonore. Hebe deine Hände gegen den Himmel, Knabe, daß Gott dich nicht verlasse! bete — er verwirft uns in seinem Gericht! (Tachensteiner führt sie fort, im Gehen) Betet für den Herzog!

Die Wachen. Rache oder Tod!

Aeneas.

Aeneas. O mein geliebter Fürst!
Kanzler. Gott rette ihn!
Potendorf. Glied für Glied will ich verlieren — aber flehen nicht.
Sinzendorf Barmherziger Gott!
Neideck. Wir sind des Todes!

Ende des vierten Aufzugs.

Fünfter Aufzug.

(Vorgemach im Schloß zu Neustadt.)

Erster Auftritt.

Kanzler kömmt aus der Mitte, Aeneas von der Seite.

Aeneas.

Sind sie verborgen — Prinz Ladislaus — die Erzherzoginn?

Kanzler. Ja! Wie ist es mit den Unsern? Wird —

Aeneas. Schrecklich —

Kanz-

Kanzler. Gott!

Aeneas. Und immer schrecklicher.

Kanzler. Sie werden —.

Aeneas. Zurückgepreßt! Sie ermannen sich, halten, fechten wieder, tödten ganze Reihen. Aber dann strömt gleich wieder ein neuer Trupp über die Erschlagenen gegen sie heran — sie müssen endlich unterliegen. Feinde und Freunde dringen in einem Zuge gegen die Stadt!

Kanzler. So schütze dann Gott das Recht!

Zweiter Auftritt.

Vorige. Sigismund.

Sigismund. Wo ist mein Oheim?

Aeneas. Ihr wißt es nicht?

Kanzler. Nicht bei euch?

Sigismund. Nein! — Ich will ihn finden, euch bringen, oder sterben auf seinem Leichname! (rennt fort)

Aeneas. Wir haben keine Hülfe mehr ihm nachzusenden! Gott, was soll das werden!

Dritter Auftritt.

Vorige. Potendorf.

Potendorf. Wir sind verloren — alles strömt auf das Thor zu — es ist so von der

Men-

Menge gefüllt, daß Menschen und Pferde erstiken!

Aeneas. Unser Herr?

Kanzler. Der Erzherzog?

Potendorf. Niemand weiß, wo er ist! alles frägt nach ihm — die Stadt ist in lautem Jammer. Wehmuth — Bestürzung bemächtigt sich der Krieger —

Aeneas. Hinaus!

Kanzler. Zu ihm == (wollen fort)

Vierter Auftritt.

Vorige. Eleonore.

Eleonore. (faßt Potendorfs Hand) Wo ist er?

Aeneas. Gnädigste Frau!

Eleonore. Todt?

Kanzler. Nein! das nicht!

Aeneas. Das, sicher nicht!

Eleonore. Gefangen?

Aeneas. Männer — Deutsche! sind um ihn, Gott ist mit ihrem Schwert!

Eleonore. Redet aus — redet rein!

Fünfter Auftritt.

Sinzendorf. Neideck. Vorige.

Neideck. Theuerste Fürstinn —

Sinzendorf. Um Gotteswillen!

Eleo=

Eleonore. Ich will Licht — handeln will ich! nicht im Gewölbe mich verbergen, wo die Lampe eure Gesichter des Jammers noch bleicher färbt, und die Mauern dazu weinen! (Trompeten ganz aus der Ferne) Mein Gemahl ist gefangen oder todt!

Aeneas. Mit Nichten! Gott, wie —

Eleonore. Er ist todt oder gefangen.

Kanzler. Und hätte Gott dieß harte Unglück verhängt —

Eleonore. Was wollt ihr dann? Soll ich dafür Gott danken, oder weinen? Vernehmt — auf der Stelle, wohin ich von Gott gewiesen ward, gebührt mir ein Mehreres zu thun — kommt! (geht)

Neideck. Sinzendorf. (zu ihren Füßen) Geliebte Fürstinn!

Aeneas. Was wollt ihr thun?

Eleonore. Was ich fühle!

Kanzler. (ihr gegenüber) Wolltet ihr.

Eleonore. Sterben — tödten — rächen — untergehen! Groß untergehen, aber nicht fallen.

Kanzler. Und wohin könnten wir euch führen, daß nicht —

Eleonore. Führen? — Folgen sollt ihr mir! Ihr begreift das nicht? Ihr seyd auch nur seine Diener! Ich seine Gattinn. Erbinn seiner Sache, seines Muthes, seiner Rache! (Stimmen von aussen)

Erste. Zu spät!

Zwei-

Zweite. Versuchts noch einmal!

Dritte. Herbey — alle herbey!

Vierte. Hieher — hier!

Eleonore. Was ist das?

Aeneas. Hört ihr —

Kanzler. (ans Fenster) Das Volk läuft zusammen. — strömt hieher — alles schaut nach diesen Fenstern — sie sind still —

Eleonore. Laßt mich sehen. (geht hin. Kanzler schlägt die Hände gegen Aeneas zusammen. Neideck und Sinzendorf sind in äußerster Angst· Eleonore steht wieder ins Zimmer) Sie heben ihre Hände hoch gegen den Himmel — Gerechter! (gleitet entkräftet an einen Sessel) Er ist todt! (Alle überlassen sich ihrem Schmerz ohne Rückhalt) Wittwe bin ich — todt ist er! — Weinen kann ich nicht — und eure Thränen fließen schon? Darum war er euch nicht, was er mir ist! O ruft es doch laut, in allen Tönen des Jammers und der Verzweiflung — Friedrich ist todt — damit ich weinen kann!

Eine Stimme von außen. Der Erzherzog — ach — unser Herr!

Sechster Auftritt.

Vorige. Ladoni.

Ladoni. (hereinstürzend) Er lebt!

Eleonore. Friedrich?

La:

Ladoni. Lebt! (Eleonore stürzt auf die Knie und betet)

Siebenter Auftritt.

Vorige. Sternberg.

Sternberg. Er kommt!
Alle Innen und Auſſen. Der Herzog kommt? (Eleonore erhebt ſich)

Achter Auftritt.

Vorige. Erzherzog. Gefolge.

Erzherzog. Eleonore!
Eleonore. Friedrich! (umarmen ſich. Pauſe. Hierauf.)

Aeneas: (nimmt des Erzherzogs Hand) O mein Fürſt — mein Fürſt!

Kanzler. (greift innig an deſſen Schwert) Hat Gott geholfen?

Ladoni. (nimmt ein Stück von deſſen Mantel und hält es an ſeinen Buſen) Nimmer von uns!

Sternberg. (küßt deſſen Arm an der Schulter) O du theures Blut! Alle drängen ſich dicht umher und trocknen die Augen)

Erzherzog. (an Eleonorens Buſen, ſanft) Von Gott und meinen Unterthanen euch wieder ge= geben, Eleonore!

Al.

Alle. (knien) Ach unser guter Herr ist wieder da!

Erzherzog. Hier stehe ich — (mit hoher Rührung) Von Gottes Gnaden — Friedrich Erzherzog von Oesterreich! (wendet sich liebevoll zu allen und läßt sie aufstehen) Ihr habt euer Blut für mich daran gesezt — lohne euch Gott dafür — wo Kronen nicht mehr unterscheiden — jeder von euch verdient die herrlichste Krone um mich, durch Liebe, Treue und Muth!

Neunter Auftritt.

Vorige. Sigismund.

Sigismund. Das Thor ist glücklich geschlossen!

Erzherzog. Gottlob!

Sigismund. Baumkircher allein hat den Feind abgehalten, daß er nicht mit in die Stadt gedrungen ist.

Erzherzog. Eleonore. Allein?

Andre. (wiederholen es leise) Allein?

Sigismund. Ja. Er allein! Wie ein Wüthender sprengte er sein Pferd im äussersten Thore bald hiehin bald dorthin — er tödtete — ritt nieder — jede Wunde die er empfieng — machte ihn gewaltiger — sein Auge blizte — sie flohen seinen Arm — Gottes Macht war über ihm — sie wichen!

Erzherzog. Er lebt doch?

Si-

Sigismund. Lebt!

Erzherzog. Geht Potendorf — drückt
ihm die Hand von meinetwegen — und am
Thore soll alles sich zum zweiten Ausfall rüsten
— Gleich folgen wir alle! (Potendorf geht)

Sigismund. Er zog sich herein — das
Schußgatter fiel, man rammelte das Thor zu.
Dann aber sank er ermattet zurück auf sein Pferd
— das Blut strömte aus allen Wunden —
er wies alle Hülfe zurück — „Lebt Friedrich?‟
sprach er. „Ja! schrien alle — und Gott heile
dich, daß du ihn halfest — du Retter und Ritter!‟ Nun — Gottlob! so lohnt es des Ver-
bandes, rief er — „macht fort! Wir müssen
auf, gegen die Feinde!

Aeneas. Nein! O nein —

Eleonore. Werdet ihr das?

Erzherzog. Das werde ich!

Alle. (ziehen) Ja! Blut und Rache!

Aeneas. Das Land raucht gegen den Himmel!

Erzherzog. Drum wird Gott helfen!

Aeneas. Der Feinde Uebermacht —

Erzherzog. Welche ich nicht! Euer Muth
weicht nicht der Menge!

Alle. Nein! Auf die Mauern — hinaus!

Eleonore. Lieber Gemahl —

Aeneas. Hört mich, um Gotteswillen!

Erzherzog. Hat die königliche Wittwe nicht
meinen Eid? (eine einzelne Trompete) Hört eine
neue

neue Aufforderung! – sie sind dicht an unsern Mauern! Sollen wir diesen Hohn erdulden?

Aeneas. Und wie lange können wir uns in der Stadt halten?

Erzherzog. Schande und Ehre überleben uns!

Aeneas. Aber, die den Prinzen von euch begehren, wollen ——

Erzherzog. Seinen Untergang!

Aeneas. Wenn ihr durch solche Weigerung gar das Reich dem Prinzen verlöret ——

Erzherzog. Es wäre hart! Wenn aber dieser königliche Knab verlohren gienge, indem ich seinem Reiche ihn hingäbe? — Aeneas — Reiche kann ich wieder erobern! Leben kann ich nicht wieder geben! Dieses Leben habe ich verbürgt: laßt mich thun was ich muß — lenke es der Himmel zum guten Ende! — Kommt. — Freunde — (Bewegung)

Aeneas. Seht! O seht dorthin, wie eure Dörfer rauchen! Seht die rothe Flamme, wie sie den ganzen Himmel hinableuchtet!

Erzherzog. (faltet die Hände) Ich sehe sie! Ich höre das Winseln der Geplünderten — ich habe Sterbende, Todte — ich habe die Eltern aller lebenden Wesen unter meinen Füßen gesehen — und mein Schwert mußte darüber hinaus! Ströme Bluts starrten in den vernichteten Fluten, mein Herz schlug gegen den Küraß, und ich mußte darüber hinaus —— Meinselb-

elb — Fürsten, Meineid brennt gräßlicher als
diese Flammen!

Kanzler. Ja, gnädigster Herr! Fürstenla-
ster schlagen das Land mit härtern Plagen!

Erzherzog. Diese Hütten will ich bauen
lassen — um diese Menschen weine ich — um
eure Kinder will ich mit euch trauern — Was-
ser wollen wir mit ihnen trinken, Eleonore —
Ihre Felder will ich mit ihnen bauen — aber
mein Gewissen muß das reinste seyn im Lande, anders mag ich nicht der Erste seyn im
Lande!

Zehnter Auftritt.

Tachensteiner giebt dem Erzherzog ein Schreiben. Vorige. Erzherzog erbricht und lieſt
es. Da er es zusammen schlägt, kommt
Zech.

Zech. Johannes Huuniades, Nikolaus von
Villacky und ihre Völker, bieten eurer Hoheit
einen Stillstand von acht Stunden an, um in
dieser Zeit vom Frieden mit euch zu handeln.

Erzherzog. Nein!

Aeneas. Gnädigster Herr!

Eleonore. Liebster Gemahl!

Erzherzog. Keinen Stillstand! Bald werden sie unsern Arm fühlen, mit gewaltiger Uebera-
macht. Denn wißt: so wie in diesen Unruhen
Albert von Brandenburg mir seine Hülfe über-

H   haupt

haupt zusagt, so hat Albrecht von Baiern sich bereits zum Zuge hieher gerüstet. Das meldet mir diese sehr freudige Bothschaft. — Ritters-Dank diesen biedern Fürsten! — Jene — weiset rund ab!

Zech. Mit gutem Muthe! Bis die Fürsten eintreffen, halten wir uns hier noch. Dann straft sie hart. Wollen sie doch selbst den Theil von Oesterreich verheeren, der Prinz Ladislaus gehört, nur um dadurch die Oesterreicher zu zwingen, gegen euch mit Ihnen sich zu verbinden. (geht)

Erzherzog. Ihr sagt, sie wollen Oesterreich verheeren?

Zech. Sie haben schon angefangen, darinn zu plündern!

Erzherzog. Schon angefangen zu plündern Aeneas?

Aeneas. Ja, gnädigster Herr — es ist leider so!

Erzherzog. Ihres eignen Herrn — meines Mündels Land?

Kanzler. Das schreit laut um Rache — fordert, daß ihr —

Erzherzog. (in tiefem Nachdenken) Plündern und verheeren — meines Mündels Land? — auf wie lange begehren sie Stillstand?

Zech. Auf acht Stunden!

Erzherzog. Den Krieg in meines Mündels Land? — Gewährt!

Zech. Gewährt?

Ranz.

Kanzler. Da Hülfe von allen Seiten nahe ist —

Erzherzog. Würden sie weichen müssen — wahr! wohin? In meines Mündels Land! daß sie verheeren wollen — schon angefangen haben zu verheeren, daß wir dann beide verwüsten würden — der Stillstand ist gewährt — entblößet es Hunniades und Villacky, (Zech geht)

Kanzler. Und euer eignes Land verwüstet —

Erzherzog. Ungeschehen machen kann ich das nicht. — Rächen könnte ich es, aber in meinem Eid für Ladislaus ist Schutz, nicht Rache bedungen! Meint ihr anders? — Ich will euch hören! (zum Gefolge) Geht Freunde — ruht — dann steht ihr mir zur Seite in Freude oder Kampf! geht — (Gefolge ab) Geht auch ihr, liebe Gemahlinn, damit ich frey, die Meinung eines Jeden vernehmen möge.

Eleonore. Erhaltet Leben und Wort! (geht mit den Frauen)

Eilfter Auftritt.

Erzherzog. Aeneas. Kanzler. Ladoni. Sternberg. Sigismund. Tachensteiner.

Erzherzog. Männer! treue Diener — Freunde! — Es gilt meine Ehre — meinen Eid — das Heil des Prinzen, Vaterpflicht das Heil zweier Königreiche , Blut und Leben vieler Tausend! Man bietet mir an, vom Frieden zu hören, was soll ich thun? Rathet nach eurem Eid und Verantwortung vor Gott , dem ihr Rede stehen müßt, für das Wort, das jezt über eure Lippen gehen soll!

Alle. Das wollen wir!

Kanzler. Gott richte jeden, der anders redet, wie er denkt!

Aeneas. Ehe wir weiter gehen, vergönnt mir eine Frage. Welcher Rath ist euch der liebste , gnädigster Herr?

Erzherzog. Der Gott mehr fürchtet, als mich!

Aeneas. Hört ihr das, Freunde? — Niemand von euch kann nun noch zweifelhaft seyn, wie er zu reden habe. Krieg — Frieden! Ja — Nein! — Diese Worte sind kurz — es gehört zu jedem nur ein Hauch! — Aber mit diesem Hauch — jezt hier, von uns ausgesprochen! — fallen — oder leben Völker! Nun rathet!

Kanzler. So lange ihr der Schwächere waret, gnädigster Herr!

Erzherzog. Wäre es Feigheit gewesen, zurückzutreten — und wäre ich noch der Schwächere, — wir würden jezt schon kämpfen, statt daß wir hier reden.

Kanzler. Gut; nun aber, da ihr mit der Hülfe, die so nahe ist, bey weitem der Stärkere seyn würdet —

Erz.

Erzherzog. Kann ich mit Sitte vom Frieden hören. Will der Stärkere Milde üben, so achte ich dies für die köstlichste Rittertugend!

Aeneas. O wie viel Seegen fassen diese Worte!

Kanzler. Diese Mäßigung, da ihr die Aufrührer strafen könntet — ich gestehe frey — ich fürchte, die Nachwelt, die in der Geschichte das findet — wird es nicht für wahrscheinlich halten!

Erzherzog. Um so besser, daß es wahr ist! also — ich meine — sie sollten Frieden haben können — aber den Prinzen gebe ich nicht!

Kanzler. Nein! den gebt ihr nicht!

Aeneas. Gnädigster Herr! —

Erzherzog. Nein! — Aeneas — das Wort bleibt!

Aeneas. So bleibt auch Krieg!

Sigismund. Er bleibe! Frieden? so denkt ihr nicht an euer verheertes Land! Oheim —

Tachensteiner. An die Bestrafung der Aufrührer —

Sigismund. An die Ahndung des Frevels, den man gegen eure Person gewagt?

Sternberg. Das, gnädigster Herr, dürft ihr nicht ungeahndet lassen!

Alle. (auſſer Aeneas) Das muß bestraft werden!

Erzherzog. Freunde — in meinem täglichen Gebet — suche ich Barmherzigkeit —

H 3   nicht

nicht Recht. Laßt mich andern gewähren, was
ich für mich suche!

Zwölfter Auftritt.

Vorige. Potendorf.

Potendorf. Alle Feindseligkeiten sind einge-
stellt. Sie ziehen sich vom Thore mehr und mehr
zurück. Sie wollen Gesandtschaft hereinsenden
aber sie begehren an eure Hoheit, daß ihr ihnen
eine hinlängliche und sehr große Sicherheit gegen diese Gesandten gebet?

Erzherzog. Eine sehr große Sicherheit?

Potendorf. Sie haben Sorge, man mögte
sie als Aufrührer ansehen, und es ist ihnen daher sehr bange, um die, welche sie senden.

Erzherzog. Es ist ihnen sehr bange?

Potendorf. Was befiehlt eure Hoheit? Sie
warten der Antwort —

Erzherzog. Kennt man uns so wenig? Nun
— dann sind freilich unsere Gesinnungen weiter
auseinander, als ich geglaubt habe! — Ich
will Ihnen Gesandten schicken — laßt sie das
wissen.

Aeneas. Soll ich —

Erzherzog. Tachensteiner geht hinaus zu
ihnen — mit einem Trompeter, durch das klei-
ne Pförtlein, sagt ihnen — alsbald wollte ich
eine Gesandtschaft hinausschicken. Dicht vor
dem Thore, am Kreußstein, sollte die Verhand-
lung

lung seyn. — Sie mögen dahin senden, wen sie wollen, und geleitet, wie sie wollen — ich bedinge keine Sicherheit für meine Gesandten, ich setze sie voraus. (Tachensteiner ab) Kommt — daß wir diese Gesandtschaft zurüsten! (will gehen)

Aeneas. So ohne alle Sicherheit gnädigster Herr —

Erzherzog. Seyd ruhig! Wir werden das Vertrauen unsrer Feinde gewinnen — dann haben wir sie geschlagen. Kommt. (gehen ab)

Dreizehnter Auftritt.

(Freier Platz vor den Thoren von Neustadt. Ein Eck der Stadt mit dem Thore ist sichtbar. Thor, Thurm und Mauer mit Wache besetzt. Ganz vorn am Platze, kommt Villacky mit Reisigen.)

Villacky. (hält vorn) Und dieses Thor konnten wir nicht gewinnen? — Ein einziger Krieger — ein Einziger sagt ihr — hielt euch zurück! Freunde, dieser Stillstand wird vorüber gehen. Die Ursache des Krieges, ist noch die nemliche — unser König! geben sie ihn uns nicht — so bringen wir ihnen in wenig Stunden Tod und Verderben in das Innerste ihrer Häuser. Haltet euch dann, wie es euerm Namen, eurer Macht geziemt! laßt es nie gesagt seyn, daß diese Wenigen uns von der Stadt abgetrieben hätten!

H 4   Vir-

Vierzehnter Auftritt.

Vorige. Hunniades tritt schwermüthig auf.

Villacky. Ihr seyd nicht guten Muthes, tapfrer Hunniades?

Hunniades. Die furchtbare Stille nach der Schlacht ist mir schauerlich, und meine Seele ist öde, wie diese Stätte.

Villacky. Großer Feldherr! Ihr mögtet, daß euer ganzes Leben so fort währte, wie die Augenblicke sind, wo der Sieg noch zweifelhaft ist.

Fünfzehnter Auftritt.

Vorige. Tachensteiner mit dem Trompeter.

Tachensteiner. Edle Herren! Der Erzherzog, mein gnädigster Herr, wird seine Gesandten sogleich hieher zu euch senden.

Hunniades. Wohl! — Welche Sicherheit begehrt er dafür?

Tachensteiner. Keine! Euer Edelmuth macht diese Bedingung unnütz. Und ihr mögtet geleitet seyn, wie ihr es gut fändet.

Hunniades. (zu den Seinen) Legt eure Waffen von euch. (Sie legen Spieße, Bogen und Schilde nieder) Zurück! (Sie gehen einige Schritte zurück) Lagert euch! (Sie legen sich in verschiednen Gruppen, ohne

ne Ordnung, an den Boden, an die Bäume, an Erb=
stücke, so daß ihrer Viele innerhalb der Zugänge, We=
nige auf dem Platze sind) Wir warten hier der Eu=
ern (Tachensteiner mit dem Trompeter dahin ab, wo
er her kam)

Sechszehnter Auftritt.

Villacky. Hunniades. Ungarn.

Villacky. (zu den Ungarn) Dennoch seyd
wachsam! Auf der Hut gegen allen plötzlichen
Uiberfall.

Hunniades. Villacky — bestraft euch das
Vertrauen nicht, was sie in uns haben? (sieht
nach der Stadt) Ach!

Villacky. (geht mit ihm ganz vor) Ihr seht
dorthin, und seufzt? Bereuet ihr den Sieg, den
ihr erfochten habt?

Hunniades. Haben wir auch gesiegt?

Villacky. Sind sie nicht in die Stadt zu=
rückgezwungen?

Hunniades. In der That, das ist wahr!

Villacky. Ist nicht von allen Enden her,
so weit das Auge reicht, alle Habseligkeit als
Beute in unser Lager geschleppt?

Hunniades. (seufzt) Auch das ist wahr!

Villacky. Werden es diese Wenigen am En=
de gegen unsre Heereskraft aufnehmen können?

Hunniades. Nein!

H 5 Vil=

Villacky. Sie waren so kühn es zu glauben. Seht — dafür raucht ihr Land gegen den Himmel!

Hunniades. (rasch) O nein! nein! nicht mehr! es brennt nicht mehr! Ulberall habe ich den Mordbrennern geboten, bei Hals und Leben. Löschen lassen, wo noch zu löschen war!

Villacky. So?

Hunniades. Villacky — ach Villacky!

Villacky. Ihr seid ungewöhnlich —

Hunniades. Bin ich? (nimmt ihn bei der Hand) Seht dorthin — die aufgehäuften Reichthümer —

Villacky. (sieht hin) Beute!

Hunniades. (fest) Von Christen — von Brüdern?

Villacky. — Feinden!

Hunniades. Bald werden diese Hütten neugebaut wieder dastehen und ihre Bewohner werden herzinniglich für Friedrich beten, dann werden noch lange diese Flammen in meinem Busen brennen! Es sind Christen — Brüder!

Villacky. Wie? Ihr seid — —

Hunniades. — Besiegt!

Villacky. Von — — —

Hunniades. Edelmuth. — Ja — von Friedrichs Edelmuth! daß ich es fühle, ist des Vaterlandes und meiner werth. — Friedrich und eine handvoll Ritter gegen zwölftausend Ungarn! Habt ihr ihn nicht gesehen, den großen, schönen Held? So viel Muth — Gewalt —
Mensch-

Menſchlichkeit und veſter Sinn! — Er und
eine handvoll Ritter, gegen unſer ganzes Heer!
Soviel edler Trotz auf ſein Fürſtenwort! Glaubt
mir, ich ſchäme mich meiner Zwölftauſend, ge=
gen den hohen Sinn , dieſes einzelnen Fried=
richs!

Villacky. Höre ich euch?

Hunniades. Mich! — Mag es einſt in
den Jahrbüchern des Ungarlandes geleſen wer=
den — „Hunniades ſiegte vor Neuſtadt in Oe=
ſterreich — und es freute ihn nicht. Er ſtand
vor den Thoren von Neuſtadt, zwiſchen Beute
und Flammen, und — ihm trat das Waſſer
in die Augen, über Beute und Flammen!" —
Die Ungarn werdens fühlen, und dieſe Menſch=
lichkeit wird den Edelmuth der Nachwelt aufru=
fen, mir zu verzeihen. (Trompetenruf von der
Mauer)

Villacky. Man wird die Geſandten ſchicken
— Aeneas Sylvius — oder Kaſpar Schlick!
feine , gewandte Männer! Beredte Männer!
(läßt den Trompeter im Lager antworten) Da könn=
tet ihr wieder verlieren, was wir alle mit —

Hunniades. Sorgt nicht. Ich bin nur
von dem einzelnen Friedrich geſchlagen; nicht
von ſeinen Rittern, Räthen und Dienern. (das
Schußgatter des Thores wird aufgezogen)

Villacky. Ha! Sie werden einen prächti=
gen Zug ſenden, Ihrer Hoheit Glanz zu zei=
gen. Laßt uns eiſernen Sinn ihnen entgegen
ſtellen!

Sie=

Siebenzehnter Auftritt.

Die Thorflügel werden geöffnet, eine Menge
Volks im Thore! Einige auf den Knien. Der
Erzherzog in der Mitte.
Vorige.

(Villacky und Hunniades treten jeder an eine Seite
gegen einander über. Der Erzherzog macht sich
los und geht vor. Das Volk in bittender Stel-
lung einen Schritt ausser dem Thore ihm nach)

Villacky. Es ist —

Hunniades. Ist es? — nein — doch!

Erzherzog. (in ihrer Mitte) Hier bin ich,
Rebel! (Hunniades und Villacky lassen sich auf ein
Knie) Steht auf!

Hunniades. (im Aufstehen zu den Wachen)
Auf — — es ist der Erzherzog selbst!

Die Ungarn. (fahren in eine gewisse Richtung
auf, nehmen ihre Waffen und sagen halblaut) Ist er
das? — Ja — Er ist's, der Herzog! (im Thor
wird darüber Bewegung, sie heben die Spieße)

Villacky. Gnädigster Herr! Sind wir auch
hier sicher, vor den Euern?

Erzherzog. (mißt ihn mit einem stolzen Blick.
Winkt dem Volke zurück. Dieß zieht sich still wieder
ganz ins Thor. Er winkt noch einmal — die Thore
schließen sich. Er sieht beide freundlich an) — Redet!
(Villacky tritt zurück und sieht vor sich nieder. Hunniades faltet die Hände und staunet ihn an. Pause.)

Re-

Nebel, Hunniades. Ich habe Vertrauen in euch.

Hunniades. (verbeugt sich) Ich fühle es — O gnädigster Herr — daß ich gegen euch, den ich so ehre und liebe, mit den Waffen in der Hand erscheine — wie beugt es mich! Aber das ganze Reich begehrt —

Erzherzog. Laßt das Vergangene. Wollt ihr Frieden?

Hunniades. — Frieden!

Erzherzog. Es sey!

Hunniades. Villacky. Und unsern Kö-nig!

Erzherzog. Wer entbindet mich von dem Eide an seine Mutter? Nicht ihr, nicht euer Reich!

Villacky. Die Wahl des Ladislaus —

Erzherzog. Habt ihr nicht schon die heili-ge Krone auf sein Haupt gesetzt? Er ist euer König. Er werde euch, wenn er Mann ist. Dünkt euch, ich würde dieses Alter ihn nicht erleben lassen? Seht die schöne Jugend meines Neffen Sigismund. Er wuchs heran unter mei-nem Schutz. Glaubt ihr, ich würde seine Län-der ihm vorenthalten? So denkt, daß Deutsch-land, daß ganz Europa, diesen unrechtmäßigen Zuwachs an Macht, mir nicht gestatten würden. Denkt endlich an meine persönliche Würde — die — ich darf es wohl sagen — das nicht vermuthen läßt. — Besäße ich wilde Herrsch-sucht; so könntet ihr mich fürchten. Ich aber

regiere Böhmen nicht, und will Ungarn nicht regieren. Steht ihr dieſem Lande vor, wie ihr
es gar wohl vermögt — Johann Hunniades —
ſo wird einſt die Waiſe Ladiſla, euch ihren zweiten Vater nennen, und Ungarn wird euch ſeg-
nen!

Hunniades. Gnädigſter Herr!

Erzherzog. Dieß ſind Geſinnungen, die
mir wohl eure Liebe erwerben könnte, und ihr
kommt, mit den Waffen in der Hand, einem
ehrlichen Fürſten einen Meineid abzudringen!
Alſo müßt ihr mich haſſen!

Hunniades. Bei Gott nicht!

Villacky. (kalt) Wir haſſen euch nicht!

Erzherzog. Man hat unter euch ausge-
ſprengt, ich trachtete des ganzen Oeſterreichs
mich zu bemächtigen. Denen, die in euern
Verſammlungen, euch mehr Eigennuß vorge-
worfen, als ich mit dieſem Prinzen nicht haben
kann, iſt die Zunge aus dem Halſe geſchnitten,
weil ſie mich vertheidigt haben. Ihr habt mich
mit Krieg, Mord und Brand heimgeſucht. Meine Gemahlinn und euer eigner König ſind von
euerm Geſchüß geängſtet. Aus der Aſche ihrer
Hütten, verwünſchen euch die nackten Unglücklichen und euer König weint über euch!

Hunniades. Hört mich, gnädigſter Herr!

Erzherzog. Das ſind Frevelthaten — was
ihr jetzt an mir ſündigt, ſündigt ihr an euerm
König Ladiſla ſelbſt. Dieß ſollte ich ſtrafen —
und wißt: ich könnte es ſtrafen! Denn Albert
von

von Brandenburg und Albrecht von Baiern, sind mit gewaltiger Macht im Zuge hieher! — Aber dabei leiden alle diejenigen, die gar nichts verschuldet haben — das jammert mich!

Hunniades. O es ist ja nur zu wahr!

Erzherzog. Die Armen, die Landleute — verlieren ihre Weiber, ihre Kinder — ihr Gut. Das jammert mich. Darum strafe ich ungern. Verwüste ich Ungarn mit Heeresmacht — so leidet nicht ihr — mein Mündel! Weil ich Vormund bin — muß ich verzeihen. Um Ladislaus willen, muß ich vergessen. Meine Ersparniß soll die Häuser meiner Unterthanen wieder bauen, meine Mäßigung — die Euern erhalten. Ich bin hart beleidigt. Aber lieber mögen die Urheber dieses Unglücks ungestraft davon kommen, als daß dieß Unglück länger daure! — Laßt ihr den Prinzen in meiner Obhut, gebt ihr mir Schloß und Stadt von Raab zurück? so schenke ich euch den Frieden! — Wollt ihr nicht? So sei es darum! Unser aller Tag wird einst anbrechen, und der Gott, den euer Eid spottet — richte zwischen mir und euch! — — Ich habe nichts mehr zu sagen!

Hunniades. Mit erschütterter Seele empfange ich das Geschenk des Friedens aus euern Händen — für mich und Ungarn!

Erzherzog. So zieht dann hin. Regiert das Ungarland in Seegen, und wenn Ladisla den Scepter führen kann — so holt ihn hier von dieser Stätte, mit Pracht und Herrlichkeit.

Em-

Empfangt ihn aus meinen väterlichen Armen! Gebe Gott — daß ihr dann eure Rechte mir hier reichen — wir Beide zu der verklärten Elisabeth hinaufschauen und sagen können — ich hielt den Vatereid, ich den Regenteneid! wir sind bestanden — gedenke unsrer in deiner Herrlichkeit! — lebt wohl! (geht. Die Thore öffnen sich)

Hunniades. Sehen darf ich ihn, ehe wir abziehen — sehen muß ich ihn!

Villacky. Das könnt ihr den treuen Ungarn nicht verwehren.

Alle Ungarn. Unsern König — unsern König!

Erzherzog. Ihr werdet ihn sehen! — wir sind versöhnt — laßt es das Volk ganz fühlen — daß wir es sind.

(winkt. Hierauf)

Achtzehnter Auftritt.

Sigismund, Aeneas, Schlick, Sternberg, Zech, Ladoni, Reinhard, Emich, Potendorf, Tachensteiner, Baumkircher, Krieger, kommen und treten in eine gewisse Ordnung auf des Erzherzogs Seite. Die Mauern sind noch besetzt. — Menschen im Thore. Auf der Seite der Ungarn vermehrt sich gleichfalls die Volkszahl.

Erzherzog. Meine Freunde — es ist Frieden!

Aeneas.

Aeneas. Frieden?

Erzherzog. (laut) Ja es ist Frieden!

Ungarn. Oesterreicher. Die in der Stadt. Frieden, Frieden! (viele Trompeten schließen dieß Freudengeschrei)

Aeneas. Gnädigster Herr — dafür, daß ihr dieses schöne Wort gesprochen habt, werden einst die Engel Palmen euch entgegen tragen! Friedrich von Oestreich; der seine Jugend in Palästina Gott darbrachte — Friedrich, der vor Neustadt sein Leben wagte — uni seines Wortes Heiligthum, der verzeiht, wo er sich rächen kann — heiße mit ächtem Heldenruhm — der Friedfertige!

Alle. Es lebe Friedrich von Oesterreich!

Erzherzog. Ich dank euch — wo ist mein Neffe Sigismund? — (Sigismund tritt vor) Hieher, lieber Neffe — tretet an die Seite meines Herzens (umarmt ihn)

Sigismund. Mein väterlicher Oheim!

Erzherzog. Ihr habt heute gekämpft — wie ein deutscher Fürst soll! Ihr seyd Mann. So höre dann von heute meine Vormundschaft auf, nicht meine Liebe.

Sigismund. (gerührt) Oheim!

Erzherzog. Zieht hin nach Tyrol, euerm Erblande. Übernehmt selbst die Regierung, herrscht lange — gut — und geehrt! Gott mit euch!

Sigismund. (küßt seine Hand) Er lohne eure Vaterliebe!

Erzherzog. Da ist er — Andreas Baumkircher — Mann! Ritter — Deutscher, Dir danken

J   wir

wir vieles! Ihr habt uns befreit — Freyherr von Baumkircher! Ihr seyd es! — Ihr und die Euern zu ewigen Tagen!

Emich Reinhart. Gnädigster Herr!

Erzherzog. Ihr seid nicht müssige Gäste gewesen — ich danke euch darum.

Reinhard. Auf dieser Stätte, wo ihr so königlich handelt, laßt euch mahnen des deutschen Reiches Oberhaupt zu seyn.

Emich. Nie kann Deutschland einen geliebten Kaiser haben, als der ist, um den wir hier versammelt sind.

Reinhard. Zögert nicht. Es ist Friede — Ruhe und Liebe, zwischen Ungarn, Böhmen und Oesterreich —

Aeneas. Willigt ein, gnädigster Herr!

Schlick. Wer entsagen und verzeihen kann — ist mit Recht der erste Fürst der Christenheit! (Erzherzog sieht alle im Zirkel freundlich an, und reicht dann seine Hand den Grafen)

Alle. Gott erhalte den Kaiser! (Trompeten ertönen)

Kaiser Friedrich. Dankt den Fürsten! Ihre Wahl ruft mich, ich ehre sie und will ihr Kaiser seyn. Ihr Rath, ihre Macht wird mich unterstützen, daß ich für das Wohl des Reichs handeln kann, wie ich es will und Kraft von oben dazu erflehe! — Frieden also — darum seid nicht mehr zwei Heere! gehe der Freund zum Freunde — Oesterreich und Ungarn sei zu ewigen Tagen eine Kraft! (Aeneas und Villacky, Hunniades und der Kanzler, meh=

mehrere Oesterreicher und Ungarn, umarmen sich und geben von einer Seite auf die andre) Folgt mir — Seht euern König und laßt uns dort den Bund der Liebe und Eintracht heiligen.   Friede und Heil über Oesterreich, Ungarn und Böhmen! Seegen und Ruhm dem deutschen Reiche! (ab)

Alle. (folgen und rufen) Gott erhalte den Kaiser und das Reich! (ein rascher, prächtiger Marsch fällt ein, der Vorhang fällt)

Ende des Schauspiels.